原書名：婚姻就像公司

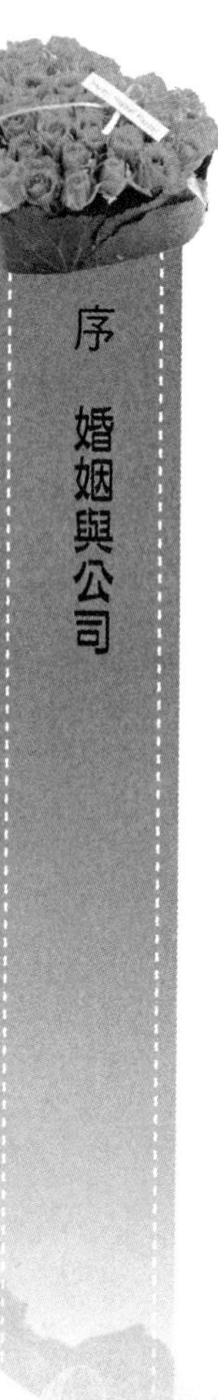

序　婚姻與公司

婚姻，這個永恆的話題，多少年來都是所有人關注的焦點，是誰也逃避不了的人生大事。如果把婚姻比作一項投資，對男人來說，選擇婚姻是一生中最大的風險投資；而對女人來說，選男人如同選績優股。男女從相識到相戀到攜手走進圍城，就像建立一種合夥關係，成立一家合資的婚姻公司。合夥人雙方只有精心經營，才能創造出愛情的最佳效益，是盈是虧，全靠合夥人自身。

把婚姻比喻為一個公司，可不是在吹牛砍大山，現在好婚姻的定義是，一種兩人之間的最有助於雙方最佳發展的關係，也就是說，婚姻是目的性很強的經營活動。而且，婚姻與公司之間的共同點非常多，幾乎處處能掛鉤在一起。

茫茫人海中，男人和女人相互搜尋的過程，是給婚姻公司奠定經營的方向，這是婚姻公司成立的先決條件。在決定投資專案之前，男女雙方要對對方進行全方面的考察，如果考察合格，並有了相對的感情基礎，認為有成立公司的必要性後，即可著手準備各種事宜，這期間堅持合夥人雙方協定投資、自覺自願的原則，不得強迫他人入夥；合夥人要和平共處，互敬互愛，不得虐待和歧視對方。得到股東首肯，各項事宜談妥，便可經婚姻登記部門機關審核，正式成立婚姻有限公司。結婚證書便是婚姻有限公司的營業執照，象徵著婚姻有限公司正式開張營業了！

結婚前的濃情蜜意，並不是夫妻雙方搞好經營的資本，它只是家庭商鋪的墊底啟動資金。夫妻雙方必須在經營中不斷創造新的愛情增長點，加速婚姻資本累積。愛情資本投入太少，那婚姻有限公司與「皮包公司」可劃上等號了，同樣都是空有外殼，沒有實質的公司，破產是早晚的事情。愛情資本不僅僅包括金錢，還包括真情、真愛的付出，沒有這些，投入再多的金錢，婚姻公司也難以長久經營。

婚姻有限公司在年復一年的運行中，難免會出現一些小故障，經營者必須排除這些阻滯。如果不及時排除，就有可能造成整個公司的癱瘓。時常檢查，對其進行必要的修補，是夫妻雙方必須做的工作。也就是說，婚姻經營中必須消除分歧、誤會、隔閡、猜疑。

用公司經營的理念來經營婚姻，能讓夫妻雙方從公司經營中學到很多東西。你在談判桌上談笑風生，回到家中照樣可以如魚得水，用那些純粹的管理技巧來處理婚姻中的種種問題，溝通技巧、談判技巧、管理機制也可以上陣，能夠解決問題的方法就是好方法。

經營婚姻絲毫不比經營一家企業容易，甚至需要付出更多的心血，不僅要持續不斷的產品規劃、研發投入、經營管理、資本控制，更需要的是雙方的合作態度、誠信程度以及堅定不移的發展方向。你可以輕易地換一份工作，卻無法輕易地更換一樁婚姻。

因經營管理不善，愛情出現嚴重虧損，已經資不抵債，雙方合夥人覺得有退出公司的必要，可以申請破產，不過要將公司內所有資產核算清楚，所有問題都得到穩妥的解決。公司破產後，合夥人還有再次創業的機會，但是所受到的傷害也是很大的，所以破產只是不得已的最後一招，若不到萬不得已的時候，請謹慎使用！

經營婚姻與經營公司有很多共同點，但是也有很多不同點，能夠經營好公司的董事長未必能在婚姻生活中如魚得水，能在婚姻中主宰大權的人，也未必就能經營好一個公司。不過經營婚姻與經營公司一樣，需要突出的能力，包括領導力、執行力、組織能力、溝通能力等等，有時候比經營公司還要複雜。我們可以從經營公司中多吸收一些精華，來把握婚姻，收穫幸福。各位讀者要好好學習一下經營婚姻的技巧，修煉、提高自己的「業務」能力。

婚姻是兩個人合作的「事業」，要讓婚姻有限公司天長地久，需要夫婦兩個人的苦心經營。說一千道一萬，還是那句老話：願天下有情人終成眷屬，願天下的婚姻都能成為「百年老店」。

Contents

Contents

Contents

第一部

婚姻「公司」開張大吉

第一章・奮鬥在愛情「市場」

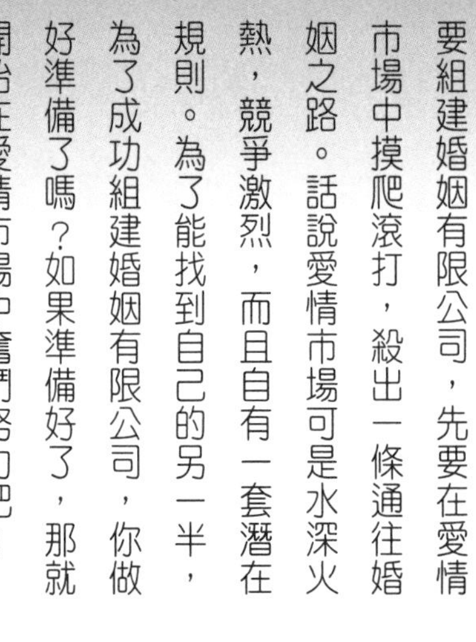

要組建婚姻有限公司，先要在愛情市場中摸爬滾打，殺出一條通往婚姻之路。話說愛情市場可是水深火熱，競爭激烈，而且自有一套潛在規則。為了能找到自己的另一半，為了成功組建婚姻有限公司，你做好準備了嗎？如果準備好了，那就開始在愛情市場中奮鬥努力吧！

摸透愛情「市場」

愛情市場是什麼？愛情市場嘛，就是愛情採購與銷售的場所，熙熙攘攘，熱熱鬧鬧，躋身其中的人們都希望在這個特殊的市場上換取真愛。

所謂市場調查，第一就是要瞭解愛情市場上的供需雙方。這個愛情市場上有大量的未婚男女，他們每一個人都是市場上的「經濟單位」——即是賣方也是買方。比如，一個男孩，為了獲得愛情，他既要付出愛（賣方），又需要被愛（買方），而女孩子同樣是一方面被愛，一方面付出愛。在實際的愛情中，很難把某一件事情中的愛和被愛分開。每個人只有一份愛情，最後也只能獲得一份愛情，無論是誰都不能左右愛情市場上的價格。

迅速找準自己的市場定位，因為定位不同，對愛情的市場需求也會截然不同。因為不同的年齡階段及不同個性，會呈現不同的特點，對愛情需求的強度、需求的內容及目的等都會不一樣。愛情的市場定位從來沒有規律可循，每個人都有自身的魅力，也許有人並不賞識你的個性，但也不要因此而放棄自己的個性。看看現在的消費市場，如果一個高級產品為了部分顧客的要求而降低品質和身價，最終會失去大部分的忠實消費者，而自身會被更多、更便宜的產品替代。記住，你的個性就是你自身的法寶，他（她）不賞識沒有關係，總會有一個人會來賞識你的。為了愛情而改變自己是不切實際也划不來的，只怕最後受到傷害的是你自己。

明白自己的市場定位後，就可以迅速找準細分市場，尋找潛在的買方了。不用擔心找不到買方，在愛情市場裡，熙熙攘攘，擠滿了尋找真愛的人，你既在尋找著意中人，別人也在尋找你。

有了你的定位，給出一個清晰的、與眾不同的你給心中的他（她），就像產品有了訴求點和利益點，但是還要佔領目標市場的足夠大的市場佔有率（你在她心中的地位），才能成功地搶佔愛情市場。

要怎麼才能做到這一點呢？當然就需要你不斷地真心付出了。愛情市場競爭激烈，感情的事情也不是一句兩句能說清的，總之，只要你中意這個人，就要珍惜每次約會機會，盡力讓自己在對方心裡佔據最大地位。

雖然你付出了種種努力，但是要清楚：愛情市場沒有百分百的市場佔有率！任何人都不是完美的，你在他（她）心中也是如此，別苛求太多，唯一和全部的佔有對方是不能實現的奢望，很多人的愛情都因為看不清這個道理而走入狹隘。請寬容對待對方的缺點和錯誤，讓對方保留一些自己的祕密，反而會讓你們的感情更上一層樓。

愛情無價，所以這裡的交換是典型的非貨幣性交換。但由於愛情市場的複雜性和廣博性，或許在不久後的某一時間，你又發現了更理想的投資專案；或者由於愛情經營不善，產生了明顯的邊際效用遞減，於是，你可能會有打退堂鼓的想法。不過，愛情市場交易成本並不低哦，所以每次愛情交易前，做好市場調查最重要。

參加「專案洽談會」

有時候，一個人想要組建婚姻有限公司，卻遲遲找不到與他合作的合夥人，找不到好的投資專案，這該怎麼辦呢？不用急，有一個好方法可以選擇，那就是參加專案洽談會——相親。

進入資訊時代以來，人們認識的方法和媒介越來越多，相親也成為「保守」的代名詞。然而，不能否認的是，相親，這種古老的媒介，依然有著它獨特的魅力。相親在以前看來是一件挺丟臉的事情，條件差的人嫁不出、娶不進才會選擇相親，可是現在完全不一樣，它是一種流行趨勢，被視為一種時尚，而「剩男剩女」們就在一次次的相親中，尋找著適合自己的那一個。何況，相親自有它的好處，充當相親的介紹人一般對男女雙方都有相當的瞭解，並且會依據門當戶對的原則來選擇相親雙方，可以將成功的機率提高一些。

專案洽談會起到的是媒介的作用，當公司找不到合適的客戶，客戶也無法找到中意的合作公司的時候，雙方都急於需要一個洽談的平台，專案洽談會便應運而生。這個洽談會分雙向和多向兩種，雙向即有中間人牽線，約好供需雙方來見面商談，多向即開一個大型洽談會，多個供需方同時參與，從中選取自己需要的合作夥伴。而在愛情市場中，「相親」就是專案洽談會，雙向洽談會就是由媒人介紹，男女雙方相親，多向洽談會是近幾年興起的大型相親會，像風靡一時「八分鐘約會」就是愛情市場中一種大型的專案洽談會。

有個流傳甚廣的相親故事：大頭是個快三十歲的小夥子，還是光棍一個，雖然他不著急，但是老爸老媽可不這麼想，老是逼著他去相親。為了讓他心甘情願地去相親，他老爸老媽簡直可以說是不擇手段、威逼利誘、曉之以理、動之以情，老媽甚至以極其精湛的演技擠出了幾滴眼淚以示其心。終於大頭妥協了，他開始了第一次相親。

對方是一個二十五歲的女孩子，是舅媽介紹的。他們的第一次相親，在一個頗有情調的西餐廳開始了。在一番老套的客套後，大頭覺得對方屬於爽朗有餘，而魅力不足，直接說就是不夠漂亮。大頭想，我是男的，才二十六歲，當然還算年輕，機會自然還有很多，沒

必要第一次相親就要急著敲定，所以準備拒絕她。當大頭心裡正在盤算怎麼開口拒絕才能做到語氣委婉，不至於傷她的心時，那個女孩子倒突然開口了：「你是第一次相親嗎？」

「是的。」大頭說。

「其實這是我朋友給我的忠告：第一次相親時如果沒有重大的不滿意，最好還是跟第一次相親的對象結婚。」

「哦？為什麼？」大頭覺得挺奇怪的。

「我的許多朋友都這麼說，」她給大頭解釋道，「根據她們相了這麼多次的經驗，相親次數越多，對對方的滿意程度會越來越下降。」

「就是。」大頭附和著，心裡想她不會是勸我就跟她好算了，想著汗就流下來了。

「是啊！看到你我才明白，我要是早聽她們的勸告就好了！」女孩一臉悔意地說。

大頭聽了這話，汗就流得更凶了……

故事還沒完。老實說第一次相親對大頭的打擊是相當大的，雖然他並不想去相親，但還是足足一個星期都悶悶不樂，提不起精神來。而就在一個星期還沒過去時，他的舅媽又為他準備了第二次相親。大頭本來不想去，但是他的死黨給他出主意說，會在大頭相親的頭三分鐘內給他一通電話，讓他自己定奪，如果感到滿意，他就當是個無關緊要的電話；如果不滿意，就說是個十萬火急的電話，必須馬上趕去。有了這個保險，大頭還怕什麼呢？

結果那天，他剛在紅茶坊坐定，舅媽就帶著一個美女進來了，舅媽給他們介紹了一下就藉故走了，只留下大頭和她。面對著美色，大頭只覺得是在做夢，他正在那裡思量著一定要開個好頭，要展現給她一個溫文爾雅的真我。

他這邊還沒開始，她的手機卻響了起來。她說了聲「對不起」就接了電話，嗯嗯啊啊幾句後，她一臉歉意地說：「真是不好意思，我同事來電話說有個十萬火急的事情，一定要我馬上去一下。」

大頭就這樣目送著美女走出視線，而耳邊傳來自己的手機悅耳的聲音……

上面說的雖然是笑話，但卻能反映出許多的東西。就如同參加專案洽談會時，要懂得自己有什麼和要什麼一樣，相親時，男女雙方在硬體——家境、學歷、為人等方面的匹配一定要合適，而且你得確定，你要找個什麼樣的合夥人，對他的「硬體」有什麼樣的要求。比如工作、收入、家庭、學歷、長相等，別不好意思，大膽說出來。如果對方的硬體條件符合你的要求，你可以請聯繫人先互留雙方一個聯繫方式，透過電話、簡訊等，事先進行一番交流，這樣可以大大提高相親的成功率。請注意，這一點很重要，很多人，一相親，必敗無疑；再相親，又敗，壞就壞在相親的雙方事先沒有進行任何交流。

在衣著方面，不需要刻意打扮，體現平時風采即可，但是也需要細心著裝，表示自己的重視。還有一點，雖然你認為你穿制服很有精神很好看，但是相親雖然很正式卻不是出勤，千萬別穿著制服。

基本上，對於年紀不大、經驗不多的相親朋友來說，首先應該克服的問題就是緊張，這是不可避免的。當然有時候小小的緊張會讓對方覺得你很可愛，但是不要太過，稍微控制一下。如果感到太緊張，可以約在你熟悉的地方，減少幾分緊張感。相親的地點一般都會約在飯店、咖啡廳等環境優雅的場所，一般情況下都是男士買單，女士可以謙讓一下，但是不能刻意「坑人」。

懂得拒絕。當你覺得沒有繼續相處的必要時，適當的、婉轉的告訴對方（當然有中間人會方便得多）。當你真的不願意發展的時候，最好說清楚，避免不必要的麻煩。中間人不方便說話時，自己說確實有些尷尬，但是有時候確實需要快刀斬亂麻。還有要注意安全問題，不要和剛剛相親認識的人，單獨一起待在偏僻的地方，覺得不合適，表態的時候態度要堅定。事後不管成功與否，都應當感謝介紹人。

最後需要說明的是，很多透過相親組織起婚姻公司的人，說起第一次見面時，都會用「好笑」、「沒感覺」來形容，幾次見面後雙方才互有好感。確實，大千世界，一見鍾情的機率實在太低，不能「一面」定乾坤啊！

選擇你的合夥人

要組建婚姻有限公司，當然需要一個合適的「合夥人」。合夥人會陪伴你經歷風風雨雨，一起建構起公司的輝煌明天，他（她）會是你最忠實的夥伴。合夥人的選擇大有學問，可不是隨隨便便的事情。

琳琳是一個大公司的「白骨精」——白領、骨幹、精英，長得漂亮大方，性格溫柔體貼，工作能力更是沒話說，所以在公司內外都有不少的追求者。琳琳自身條件良好，眼光自然也高，這麼多的追求者裡，她好像只對外商經理彥和高中教師博有些好感。

兩人都有良好的家庭和教育背景，工作也還都不錯。不過彥長得又高又帥，而博只是一個相貌普通的男人，但因為是高中教師，身上帶有一股書卷氣，文質彬彬的。不過大家都知道琳琳是一個審美觀特別苛刻的女孩子，所有人都認為彥勝出的機會比較大。

面對兩人的追求，琳琳好像都沒有拒絕，兩個小夥子也都知道對方的存在，也暗暗開始競爭。琳琳每天都會接到他們的禮物，彥總是託花店的夥計送玫瑰花，一大束嬌豔如火，琳琳抱在懷裡經常引來旁人羨慕的眼光；而博只在出差時買一些本地不好買的書籍，當然都是琳琳喜歡而又買不到的。琳琳總是把鮮花放在辦公桌上，聞著花香開始一天的工作，而那些書籍她則非常珍惜，給它們包上書套好好珍藏。

琳琳的愛情，在眾人的關注下發展，她似乎難以選擇，覺得兩個男人都不錯，不知道該選擇誰。慢慢地，生活中的一些小事改變了琳琳的看法。

有一個夏天的下午，本來晴朗的天氣突然狂風大作，下起了傾盆大雨，琳琳在辦公室裡發愁，一會兒下了班怎麼回家呀！下班時間就要到了，琳琳接到了彥的電話，告訴她這麼大的雨自己也不好穿過整個市區去接她，叮囑她一定要搭計程車走，她笑著答應了。琳琳看著外面的大雨，收拾東西準備自己回家，可是心裡又直打鼓，她害怕打雷。這時她接到了博的電話，告訴她下班先別走，雨太大他不放心，馬上搭車去送她回家。琳琳聽了就一直在辦公室等著博，那一天也是琳琳第一次留他們其中的一個在她家裡吃晚飯。

還有一次是冬天，琳琳家的暖氣壞了，熱水流個不停，她看著滿屋的水手足無措，不知如何是好。於是她先給彥打了一通電話，彥讓她先用臉盆接水，然後他會馬上打電話給水電行來處理。琳琳忙亂不已，把身上都淋濕了，狼狽不堪，等了半個小時也不見水電行的人來修理。琳琳只好給博打了通電話，博說剛下課，要她待在床上蓋上被子，別凍著，他十分鐘後就到。果然，等了一會兒，博就來了，還拿著一袋子工具。就在博剛忙碌不到五分鐘時，水電行的夥計也趕到了，大家很快就把暖氣修好了。最後，博一直幫她把房間的水排出去，打掃好才放心離開。

到了第二年春天，琳琳與博訂婚了。大家都詫異她怎麼放棄了又高又帥的彥，而選擇了看起來這麼普通的博，但是琳琳知道，她已經選擇了一個貼心的情人。

生活中常常能看到，有的人為選擇一個理想的情人，在選擇之間矛盾掙扎，也常常看到周圍有很多人婚後不幸福，甚至弄到離婚收場，給自己的父母、兒女都帶來悲劇和災難。如何更好的改變現狀呢？不妨學習公司選擇合夥人的方法，為自己挑選一個好的情人。

一個好的合夥人，必須有強烈的責任感，能夠承擔經營中面臨的種種問題，同時，你和他（她）必須能夠互補和溝通，這樣才能保證公司發展時，不會因意見分歧而造成損失。而挑選情人也同樣需要這些特質。選擇合夥人千萬不要操之過急，因為這畢竟是關係到人一輩子的大事。瞭解一個人的本質很重要，一般從一個人的人際關係、家族風氣、信譽程度等各方面都可以瞭解到，千萬不要因一時的墜入愛河而沖昏了頭。

選擇情人，第一關便是內在美。內在即指內在的知識、能力、未來潛力等多個方面，為什麼說以內在為第一關，因為外在的東西遲早都會逝去，青春、美貌、金錢等等都不可能長久，唯一不變的還是內在的知識與能力，還有一顆善良的心。

當然，外在的容貌與金錢等也要考慮，但是這些的確不是最重要的，要分清楚內在與外在的主次關係。金錢與真愛對許多人來說，難以選擇。好像很多人在現實的時候會選擇錢，而在寂寞的時候會選擇情人，不過這個問題其實很簡單，這就像在沙漠裡，一箱金子和一壺水，你會選擇什麼呢？

對於婚姻中的兩個人來說，溝通也是第一大事，如果溝通得不好，那麼婚姻也就會千瘡百孔，不能長久。所以，是否擁有良好的溝通能力也就成了選擇情人的一個關鍵，這個在戀愛期間應該就可以體會出來，足以讓你做出正確的選擇。

只有謹慎才能儘量考慮周全，這一點也特別重要。謹慎是幸福的一道護欄。結婚前，一定要選擇你愛的那個人，結婚後，一定要愛你所選擇的那個人。急急忙忙做出決定，只會讓你後悔終生，而多一些謹慎，對以後幸福的把握也會多一些。

諾貝爾文學獎得主蕭伯納說：「此時此刻在地球上，約有兩萬個人適合當你的人生伴侶，就看你先遇到哪一個。」若你此刻已有一位長久相伴的伴侶，不要再三心二意地猶疑了，所謂「弱水三千，只取一瓢飲」，要好好珍惜，因為我們永遠不知道一生何時會遇到兩萬個其中的哪個，所以要知福惜福、活在當下。

投資專案的可行性分析

心中有了理想的投資專案，也要分析一下，再投入資本運作。如果投資專案沒有分析好，盲目地投入了資本，那麼有可能造成血本無歸的悲慘下場。很多的大品牌都有貿然進軍其他行業最後折戟沉沙，甚至毀掉了原本良好市場的例子，這就是輕視投資專案的可行性分析而導致失敗的典型案例。所以，好的計畫需要詳細的可行性分析。

愛情市場中的專案可行性分析與商場中略有不同，實質上對合夥人的可行性分析，只要合夥人合適，那麼你的感情投資專案基本上就可以確立了。對於合夥人，倒是不用挑剔他（她）的相貌、性格等，四個字最重要——「適合自己」。每個人都會有一個夢想中的王子和公主，但是適合自己的才是最好的。

人人都想要優秀、完美的情人，每個人心目中都有一個理想的他（她），於是有些人會竭盡全力去追求這一形象。其實擁有自己夢想中的情人是每個人的心願，但是未必都會實現。理想和現實總是有差距的，人無完人，自己的伴侶也會有或多或少的缺點，如果不被自己所接受，那麼就會產生一種錯覺，覺得找錯了情人，合乎理想的情人依舊沒有出現。試問，到底什麼樣的情人才算是合乎理想？再完美的人也會犯錯，如果你不信，捫心自問，自己是不是也經常有或多或

少的小問題呢？未婚的人應該明白，「理想情人」既不科學又不合理，實實在在的愛情才是最現實的。

你有沒有注意過這樣的婚姻現象：一個看上去很帥氣的丈夫，身邊卻走著一個相貌平平的妻子；美麗的窈窕淑女卻依偎在一個武大郎似的丈夫身邊；精明能幹的女經理嫁給了老老實實的小學教師；才華橫溢的男作家終生與一個普通女工為伴……

這樣的婚姻組合有些令人吃驚，但最令人吃驚的是：那些看上去似乎不怎麼樣的丈夫或妻子，卻一副處之泰然、儼然充滿幸福的樣子。全部的奧祕就在於他們有這樣的一種心態：也許你不是最好的，但是你是最適合我的。

一個花錢闊氣的姑娘，所謂「月光一族」，應該要找一個懂得存錢的居家好男人。當她心癢癢想買這個買那個的時候，他要懂得曉之以理，把錢用到最需要的地方，小日子才能蒸蒸日上。

一個喜歡浪漫的「小資」女子，應該找一個現實感較強的責任心男人。當她沉浸在自己的浪漫情懷裡時，需要丈夫一個現實的擁抱，把她拉回現實中。

一個多愁善感的女子，應該找一個較理性、能給人安慰的男人。當她不開心的時候，丈夫適時安慰一下，能讓她感到絲絲溫暖。

一個有點小脾氣的女子，應該找一個懂得謙讓的好脾氣男人。在她發脾氣的時候能讓著她一些，讓她無法發脾氣了。

也許妳是一個好女人，但卻不適合當他的妻子；也許你是一個不錯的男人，但卻不適合當她的丈夫。瞭解情侶對自己的適合性，也可使你及早從沉迷中甦醒，進而避免一樁不幸婚姻的產生。

我們只有找到適合自己的異性，才會感到心緒寧靜，才會得到自我價值的肯定。事實上，我們大多數人都過度地注意了兩人的相似，而忽略了兩人的互補。選一個能與你互補的最適合你的異性，真心去愛這個人，而對其他的異性敬而遠之，這樣，才能得到真正的幸福。

搶佔目標市場

在商業戰場中，搶佔目標市場是進軍市場很關鍵的一步。目標市場是商品最重要的消費市場，如果能夠成功佔領的話，商品也就有了成功的銷路。佔領目標市場的方法有很多種，要針對其特點而採取相對的措施。愛情市場中的「目標市場」，就是你的「中意」合夥人的心。搶佔目標市場，就是你在其心中的所佔比例，自然是越大越好。如果你已經有了「中意」合夥人，那麼可就要好好表現一下。

搶佔愛情的目標市場，也要先分析其特點，不過最主要的方式就是透過約會來相互瞭解，並且建立感情。約會是一種藝術，在佳人有約時，無論你接受或拒絕一次約會，並不是一件很簡單、可以隨便決定的事情。如果準備不全，拿捏不準對方的心思，很可能讓對方覺得意外，並且遭到拒絕，愛情還沒有開始就已經變得尷尬。如果約會的各種事宜都做得很好，便可成功地敲開愛情的大門，由此展開浪漫的愛情之旅。

約會時機要牢牢把握在自己的手中。細心體察兩人的關係和意願，經過一段時間的接觸，雙方都有好感，時機成熟時再提出約會請求，才能事半功倍。女孩子大都喜歡坦白率直的話語多於吞吞吐吐的隱詞，因此不妨大膽地直接向她提出約會。或是當面，或是電話，或用信件。對待男孩子則要含蓄一些，這樣才可顯示出女孩子的溫柔一面。

在另一方，回答對方的約會要求也是有一定技巧性的。應該說接受戀人的一次約會是沒有什麼難度的，只要高興就好。如果你想拒絕這次約會，而又不想讓對方失去面子，不如告訴對方今天不巧沒空，同時與她相約下次的時間，到了下次約會時，又詐稱有緊要事纏身，實在抱歉不能赴約，這種婉拒的方法不致使對方感到尷尬，時間久了，對方自然會明白你是不想赴約的，也就知難而退了。如果實在不好意思拒絕對方，向對方表示你喜歡熱鬧，而不喜歡兩個人的幽會，建議不妨各自找些朋友共同聚會，如果對方同意你的建議，那麼他的約會目的就難以達到，如果他不同意，那只好表示遺憾了。

在邀請的一方，約會被拒絕，自然是一件煩惱的事情。不過約會被拒絕是很平常的事，首先自己必須要端正心態，不能因為被拒絕了就覺得沒臉見人，心理素質必須要過硬。失敗乃成功之母，調整好心態後，再來找原因。為什麼會被拒絕，是不是時間不合適，還是你們之間不合適，要瞭解清楚。如果被拒絕的原因是因為對方的時間問題，那麼你就可以期待第二次的約會了。如果被拒絕的原因是因為他或她不喜歡你，是因為你們之間不合適的話，那麼你可以尋找你的下一個目標市場了。如果你真的喜歡他或她，想打動他或她，那麼就要換一種約會方式，比如改成集體聚會，讓他或她有機會瞭解你，讓你有表現的機會，這樣也許下次你再約對方的時候就會成功了。

約會時，女孩子可以打扮得漂亮一些，正是享受青春的好時候，不要吝惜展現自己的美麗與大方，化妝要清新自然一些，不必化濃妝。男孩子不用西裝革履穿那麼正式的衣服，只要乾淨自然就好，但不必穿一件新衣服去，那容易產生緊張心理，並時時在意自己的服飾，而出現不必要的分心。

約會的時候遲到是大忌，不過有的時候也是無可奈何的事情，出現這種情況該如何應對呢？千萬記住，辯解是沒有用的，只會讓對方感到心煩，覺得你是在找理由，不重視這次的約會。如果能夠設身處地為對方著想，說一些體諒人的話如「對不起，讓你久等了。非常感謝你一直等著我」，往往會取得對方的諒解。

為了能在「中意」合夥人心中留下美好印象，約會時需要好好策劃一下。明明與女友的第一次約會是個下雨的黃昏，這正是明明經過一番考慮而定的約會天氣，女友是個多愁善感的女孩，下雨天很容易觸動她那顆感動的心，明明再稍加努力地關懷一下，她一定會感動的。到了約會現場，明明衣服都濕了，因為他故意不帶傘。女友輕輕地說：「怎麼不帶傘？看你都淋成這樣。」明明則適時回答：「男子漢大丈夫為了愛，還怕這一點風雨？」女友雖然不說什麼，但心裡自然是甜蜜的，明明趁機與她合用一把傘，肩並肩地漫步。第一次約會的感覺溫馨而浪漫。

約會的時候，女孩子們要注意，保持一點矜持還是很有必要的。儘管戀情進展會慢一些，但由此卻可以在他心目中形成一個很有魅力的形象。約會時談論的話題，可以從當時情境、周圍環境、共同生活的圈子中、上次見面的經驗、對方的興趣、專長領域等開始談起，但千萬不要只談外在的事物如電影很好看、票價上漲了，而是要利用這些話題來談彼此的心得、看法，以便增加彼此的認識。

不過，約會只是搶佔目標市場的一個必要方法，除此以外還是有很多種方法的，最重要的是表現出真我魅力，拿出真摯的情感，來打動他（她）的心。

感性消費VS理性消費

在經濟市場中存在兩種消費觀念：感性消費與理性消費。感性消費者與理性消費者之間沒有什麼衝突，只是思考方式不同而已。針對兩種消費觀念，各種商品會有不同的訴求方式：感性訴求與理性訴求，各自順應消費者的心理，打動目標消費者的錢包。

所謂感性消費，就是指在消費時注重購物時的情感體驗和人際溝通，基於消費者個人的情緒情感體驗而產生的消費行為，它以個人的喜好做為購買標準；而理性消費，則是指在購物時出於對產品的實際需要進行購買。而在感情市場上，感性消費當然是指依個人的喜好挑選適合的對象，而理性消費則是從對方的外在條件去考量和選擇適宜的對象。以消費者的立場來說，這兩種消費觀念可謂各有千秋，每種都有各自擁護的消費群體，無法說哪個好哪個不好。但是如今產品大大豐富，一個聰明的消費者會懂得將感性需求和理性需求結合起來，去挑選自己最喜歡的商品，而在感情市場上，我們也應該將感性消費和理性消費結合起來，尋找真正屬於我們的另一半。

感性消費是人們對某個人產生的愛情基礎。你喜歡他（她），必然是因為他（她）身上有某些打動你的特質。也許是因為他走路的樣子讓你很有安全感，也許是因為她在路旁餵食流浪小貓的那一刻讓你相信她會是個好妻子；也許是你忽然發現她的電玩也玩得那麼棒，也許是妳驚訝怎麼還有一個男生同樣那麼喜歡強尼．戴普。總之，你們就是在感情上那麼投契、那麼和諧，讓你們有了攜手共度一生的決心。這種感性的衝動來自於興趣、喜好或心動，使你相信他（她）會是你終生的好伴侶。而這種情感，正是所有婚姻公司成立的基礎。

但是，當你因為愛情變得心跳加快如在雲端的時候，卻恰恰需要理性的消費觀來為你降溫。面對產品時，我們要再三問自己「我真的需要它嗎？」而面對戀人時，我們也要想清楚他（他）是否適合自己。很多人在墜入愛河之後匆匆忙忙地結了婚，結果婚後才發現，她不能忍受他的懶惰，他接受不了她的嘮叨，於是兩人開始後悔自己的倉促決定，抱怨累積到一定程度，最終導致了分手的結局。既然如此，為什麼不在一開始就把可能的不幸扼殺了呢？

芊芊與浚的相識是個很老土的英雄救美故事，他為她趕走了流氓，她就將一腔情愫傾注到了他身上。兩人的相戀一開始就遭到了家裡的反對，她是嬌生慣養的寶貝女兒，家庭環境優渥，讀了研究所出來，是受人尊敬的高中教師，而他是來自農村獨立奮鬥的窮小子，因為沒讀過多少書，只能在酒吧打工。家裡的反對讓芊芊更加堅決了，她堅信自己的感情夠堅固，為了讓家裡更快接受浚，在認識兩個月之後她就匆匆忙忙和浚公證結婚，成為正式的夫妻。可是日子一久，矛盾就漸漸來了。他在酒吧工作，日夜顛倒，她卻是正常作息，兩人常常都見不了面；她勤奮上進，想讓他多學點東西，可是他卻老是推三阻四，打算渾渾噩噩過一輩子。就這樣，小爭執積成了大爭執，小裂痕變成了大裂痕，兩人終於走到了分手的盡頭。回復單身的芊芊很是傷感，投入了這麼多的感情和時間，最終卻一無所獲，為什麼自己不能在最初用理性的態度多思考思考呢？

所以說，理性並不是愛情中的絆腳石，很多時候，它可以讓我們看清更多的東西，也看得更長遠。當你義無反顧地投身於愛情市場中時，千萬記住感性消費加理性消費的基本原則，才能挑到最適合你的那一位。

愛情「市場」中要充滿自信

一家公司在推銷自己的產品時，總是要把它吹得天花亂墜，無所不能，雖然很誇張，但「酒香也怕巷子深」，自己都不覺得自己的東西好，怎麼能讓別人覺得它好呢？而在愛情市場中也是一樣，你對自己都沒有自信，怎麼能讓別人對你產生興趣呢？在愛情市場裡摸爬滾打，一定要建立自信，才能贏得市場，取得組建公司的基本條件。

阿玉是個好女孩，心地十分善良、真誠，可是就是在愛情上特別軟弱、特別膽怯。其實阿玉長得不醜，但她總是覺得自己醜，總是沮喪地跟朋友們說，長得太醜了，走在街上一點回頭率也沒有。朋友告訴她說：「回頭率高的有兩種，一種是特別漂亮的，一種就是醜的。既然沒有回頭率，說明妳並不醜。」阿玉聽了，依然對自己不滿意，還是覺得自己長得太普通了。阿玉曾經有一個戀人，男孩其實很愛她，有一次他和他的哥兒們喝酒，有人酒後問他怎麼不找個漂亮點的女孩，這個女孩長得不怎樣，這話不巧讓阿玉聽到了，她從此就疏遠了這個男孩。之後阿玉就再也沒有找到過稱心的戀人，有人給她介紹，阿玉不是嫌對方太好看自己配不上，就是說自己家境不好和對方門戶不當，以致到了今天，她還是單身。

當一個女人在一個男人面前失去自信的時候，會變得猜忌和懷疑，愛情就真正失去了信任和基礎。阿玉沒有自信，尤其是在愛情方面。她過於看重自己的臉不如電影明星般光彩，自己家庭的條件沒有王子貴族富有。於是，便常常退卻。面對愛情阿玉缺少自信，因為她害怕，害怕失去自己所擁有的一切，於是乾脆自己放棄，默默地承受痛苦。她太傻了！即使一個女孩的容顏遠遠達不到所謂的「佳人」，才華也遠遠達不到所謂的「才女」，只要妳努力對自己充滿信心，依舊可以在愛情遊戲裡常勝不敗。

有時候，愛情可以給人帶來自信，在親密關係中，我們可以體會自己的「可愛之處」，加強信心。《貓和老鼠》裡有這樣一節，裡面有隻小雞覺得自己長得太醜，毫無自信，寧願讓貓吃掉自己，也不願鼓起勇氣生活。善良的小老鼠吉米想讓小雞自信一點，想盡了各種辦法，製造了許多啼笑皆非的情節，但是小雞依然覺得沒有自信，甚至拿個紙袋把頭罩起來，不願見人。就在牠垂頭喪氣地坐在路邊的時候，一隻漂亮的小母雞出現了，牠打著一把粉紅色陽傘，閃動著長長的睫毛對自卑的小雞說：「你很可愛。」自卑的小雞一下有了精神，自信地跑到小母雞面前，甜蜜地約會去了。所以有時候，對於不自信的人誰說什麼都沒用，再多鼓勵的話也抵不住愛情來臨的力量，有了愛情，也就有了自信，這樣的人也是幸福的。

美滿的愛情需要自信，缺乏自信會傷害愛情；另一方面，愛情又能帶給人成長、自信。有的人看到前半句話，選擇逃避愛情，結果依然自卑，沒有愛情；有的人看到後半句話，選擇擁抱愛情，最終戰勝自卑，獲得愛情。

愛情與自信密切相關，沒有自信的人，只能做愛情的奴隸，無法掌握自主權。把生存下去的意義和信心都寄託在別人身上，這樣的人會輸得很慘，一敗塗地。沒有自信，這個致命傷讓人做什麼事都往往才剛開始就放棄了，不肯努力，那機會可能就此擦身而過。

自信能照亮愛情。其實愛不是漂亮的臉蛋和金錢的相加，愛是兩顆心從接近到親密的昇華。無論是男人還是女人，在愛情路上要堅強、自信，這樣才能贏得幸福的愛情！摘掉羞澀的面具，無需自卑，真實地表現自我，自信地面對愛情，面對心中的他（她），愛情自然會被留在掌中。

愛情「市場」中的大忌——患得患失

不管是經濟市場還是愛情市場，都會有一些潛在的規則，奮鬥在市場中的人都要時刻謹記的。經濟市場中的禁忌有很多，而與愛情市場互通的一個禁忌便是患得患失。

在商海裡乘風破浪的商人，如果總是猶猶豫豫，患得患失，極易錯失良好的發展機會，商場中需要有孤注一擲的勇氣，才能牢牢抓住機會，贏得先機。同樣，人在愛情市場裡尋覓著自己最中意的另一半，原本是想向著美滿幸福發展下去，然而天下的事情並不那麼順應人心，往往有一些磕磕絆絆。這時候的人，最容易心存疑慮，前怕狼後怕虎，不知如何是好。這犯了愛情市場中的大忌——患得患失。

對於愛情，不需要深思熟慮，只要放開自己的心胸去喜歡、接受一個人就好了，如果想得太多、患得患失，最終會錯失機會。他和她當年是同班同學，心裡都早有著對方的影子，直到畢業後兩人也是彼此想念，但最後的結果是，他和她都與另一個人結成了一對，為什麼？因為兩個人相互猜測著、想念著，但是表白的話誰都沒有說出口！

在愛情市場裡，很多人太過在乎「輸與贏」，時時不忘自己的利益，總想在智力和耐力上和對方一較高下，誰也不願先走一步。其實感情騙得了自己騙不了別人。幾日不見，你一見到他，就會非常地開心，說明你心裡一直在想他。你偶爾關心一下他，他會非常得意地對著你笑，說明他的心裡也裝著你。只要喜歡一個人，並且能感應到他（她）對你的好感，那麼就別猶豫了。

愛上一個人是一個付出真情的過程，不是嘴皮子上說說就行的，只是因為如此，很多人喜歡一個人卻吝嗇於真情付出，或者說不敢付出，就怕對方只是利用自己，不值得自己付出，於是，感情的道路總是猶猶豫豫地不敢邁步。明明已經動心不已，卻依舊用謊言掩飾自己內心真實的想法。這到底是為什麼？或許是曾經受過愛情的傷痛，或者是內心太脆弱。人在愛情中奢求的太多，希望對方漂亮、有錢，希望對方多愛自己一點，希望對方包容自己所有的缺點，總之都要符合自己的意願，生怕自己受到一點點傷害，受到一點點損失。當為對方付出一點的時候，就要想他（她）會不會辜負自己的付出，會不會讓自己失望？

其實解決患得患失的問題很簡單，如果當你的愛是付出的，沒有想過回報，那麼你就不會害怕失去，愛情也就沒有那麼憂慮。愛情之神是公平的，你付出幾分真心，就能得到幾分愛情。愛情只是你自己的感覺，如果對方也好好待你自然好，如果辜負了你，那麼也是愛情的一部分，沒有必要傷心欲絕。如果計較太多，沒有投入真心，那麼愛情永遠只是別人的事情，你也無非只是一個旁觀者，無法融入到愛情中去。

有的人不會輕易去愛，輕易地接受愛，但只要愛了、接受了，哪怕受到傷害也會全心的投入，全心的付出。即使感情有結束的時候，心會痛，但是至少是無悔的，無悔於這段感情。如果自己都不全心投入，全心付出，又怎麼能要求另一半全心投入和付出呢？你只管全心全意地付出，不再想太多的事情，不再患得患失，只是享受現在的甜蜜時刻，那麼愛情也就不再撲朔迷離。

第二章・組建婚姻「公司」，Are you ready？

在組建婚姻有限公司前，你都需要做哪些準備工作？俗話說，好的開始是成功的一半。為了婚姻有限公司一帆風順，你可要做好一切準備工作，千萬不要慌慌張張地就開始營業呦！

車貸房貸

柴米油鹽

疾病意外

教育養老

打動股東，贏得支持

公司的設立有個基本條件，那就是得到股東的認可和首肯，而在婚姻有限公司中，合夥人同樣需要得到股東點頭哦。婚姻有限公司的股東有四位：公公、婆婆、岳父、岳母，兩個合夥人都要一一參見。這四位股東是合夥人的撫育者，他們為公司出資，指導制訂公司章程，為了公司的順利成立與合夥人共同努力，是不可忽略的良好指引者。

去應徵的時候，人人都知道要打扮得清爽乾淨，給面試者留下良好的第一印象。見股東也是一樣，第一次見面的印象如何，可能決定了你今後在他們心目中的形象，千萬不可大意。

公司面試和見家人一樣，穿著打扮方面，過於保守和過於前衛都是不妥的，過於保守會讓人誤以為人很土，過於前衛又會引起婆家人的反感，正確的穿著要時尚大方，才能給人留下健康親切的感官印象。

當然，乾淨的外表始終都只是其中的一方面，而且是相對不重要的方面。一個公司要找到合適的員工，最關鍵的選擇標準還是看他能否勝任那個職位，有沒有足夠的工作能力和責任心，而對父母們來說，一個好的女婿（媳婦）最要緊的也是他（她）是否適合自己的兒女，能不能在之後的歲月裡與自己的孩子相互扶持、相互愛護，共同維護婚姻公司的茁壯成長。

所以，要贏得股東的支持，最要緊的是展現出你的誠意。要讓他們知道，你是真的有誠意成為這家公司最忠誠的員工，為公司的發展奉獻出你的力量，給予他們的孩子一個穩定而幸福的未來，這樣，他們才會放心把他們生命中最重要的孩子投資到你身上。

當然，要表達你的誠意，光靠嘴巴說說是沒用的，而且，股東們可是經歷了不少的人，他們也不會光看你說什麼，而會靠著自己的眼睛去觀察、去發現。所以，不用擔心一時的表現不佳，也不用害怕你的投資不夠多，只要你真的是全心的投入到婚姻公司的發展中去的，日久見人心，他們一定會知道，你才是這家公司最好的管理者，你才是他們所有投資最適合的操盤手，因為你同樣珍惜他們的寶貝。

聰和妻子菲菲的感情路還算順利，但到了妻子父母這裡，卻遇上了麻煩。原來，聰的父親曾經有過一次婚外情，雖然終於迷途知返回歸了家庭，但在這個小城裡依然鬧得沸沸揚揚、人盡皆知。而妻子菲菲的家庭一向清白體面，為此，她的父母們非常反對她和聰的交往，他們是比較傳統的人，總覺得聰的家庭出過這樣的問題，配不上他們的寶貝女兒，更重要的是，他們非常擔心聰的母親的故事會發生在菲菲身上，他們不敢信任聰的忠誠度。面對菲菲父母的擔心，聰決心用自己的行動來證明。他對妻子更加地體貼、無微不至，同時，他開始更頻繁地往菲菲家跑，為她的父母忙前忙後，表示他的誠意。他坦誠的和他們交談，向他們表達他的想法，他告訴菲菲的父母，正是因為自己的家庭中有過這樣的過去，才讓他更為重視家庭，更看重一份感情的持久和穩定。漸漸的，菲菲的父母敞開了心胸，接受了聰。現在，他們有了一個健康聰明的寶寶，是人人豔羨的幸福家庭。

所以，只要你能夠將你真實的感情表達出來，讓對方的父母懂得你的真心和誠意，你就能打動他們，贏得這些股東們的支持。有了他們的保障，婚姻有限公司就可以順利開張了。

合夥人投資比例要合理

既然投資專案已經確立，那麼兩個合夥人的投資也就開始了。兩個人合夥組建公司，是兩個人聯合起來經營的經濟單位，要求合夥人必須共同出資、共同經營、共同勞動、共擔風險，合夥財產歸全體合夥人共有，合夥人對合夥債務承擔連帶責任。要組建婚姻有限公司，合夥人的投資是第一步。

投資分有形和無形兩種。有形資產是物質上的資產，包括現金、房地產、車輛等硬體設備以及能夠帶來物質收益的諸如門第、聲望、社會地位等，而無形投資則是感情投資。這兩方面的投資都不可以少，但與一般的公司不一樣的是，在婚姻公司中，無形資產的投資才是真正的基礎，有形資產只是在此基礎之上的必需品，如果沒有感情投資，其他的投資就都失去了存在的價值。

婚姻有限公司既然是一種合作互贏的關係，那麼兩個合夥人應該是處於平等地位，相對的投資比例也要合理，如果出現「一邊倒」的情況，是十分不利於公司的組建的。愛情其實也是很現實的東西，不管人們是否承認，金錢是避免不了的，雙方的金錢投入，是一件讓人撓頭的煩惱事。一般而言，男人付帳被視為天經地義的事情，不過現在講究男女平等，那麼在付帳上面也就不能一味苛求男人了。更何況，一份感情中如果只有單方面的金錢付出，那兩個人就無法站在同一個起跑線上，這樣日子久了，勢必會有一個人無法接受。所以，金錢不能成為戀愛雙方的生存底線或任何一方的救命稻草，否則感情彷彿在走高空鋼索，一個不小心便會粉身碎骨。

有一個場面總會讓阿來感到幸福，那就是約會時女友偶爾會與他搶著付帳。雖然只是吃飯或看電影這樣的小錢，但這種舉動總會讓阿來感受到女友心疼自己掙錢不易的溫柔，覺得很貼心。兩個人在一起的時候，阿來很樂於請女友吃飯、看電影，送一些小飾品給女友以增進感情，但買衣服、出門旅遊等費用都是各付各的。阿來覺得，對彼此是否有意思會直接體現在是否願意出錢這方面。女人從來不肯掏錢未必是品格問題，但至少表示戀愛態度不夠端正。剛開始出於禮貌，可以讓男人付錢，但時間久了就讓人懷疑女人的真誠，就算偶爾表現出主動也好。而且這並不是吝嗇，而是量力而行，不打腫臉充胖子，坦誠相見才是長久相處之道。

不過，除了有形資產投資，在婚姻有限公司中，更重要的是無形資產的投資，這才是保證公司建立和維繫公司穩定的基本條件。兩個人一人投入一份感情，就產生了愛情。婚姻是以互愛為前提的，是由兩顆心靈彈撥出的和絃，而不是單方所發出的獨奏曲。組建婚姻有限公司與組建其他經濟公司不同，需要投資的方面還是很多的，不僅僅侷限於金錢，比如感情、體貼、青春、精力等等。感情投入與金錢投入一樣，是雙方的付出，互相之間是不可替代的。如果一個付出雙份的感情，另一個卻照單全收，往往難以產生美好的愛情結局，而常常只能產生「感情泡沫」。

「感情泡沫」就是指由於一方感情投入過多，並沒有引起對方感情的共鳴，而是導致了對方對感情的過度索求，而另一方已經無法滿足其要求，進而導致感情破滅。泡沫即指一方過多付出感情，而產生的暫時美滿幸福的假象，一旦無法滿足對方的感情需求，再多的泡沫也會無情破滅。

愛情中的男女，都在渴求著對方給予的愛，但是如果自己不付出，又哪能奢望別人的付出呢？許多痴男怨女在愛情結束的時候都痛苦不已，自己的真心付出沒有得到對方的回報。如果一方陷入痴情，過度付出，不僅會讓另一方習以為常，還會習慣性地提出更高的要求，如果不能滿足其感情要求，愛情也就像風中的花瓣，搖搖欲墜了。所以，如同金錢一樣，要組成婚姻有限公司的兩個合夥人，感情投資也要合理，不要陷入「感情泡沫」中。

最後說一句，合理的目標是投資穩定增長的基石，不要急於入市投資，不要被外表迷惑，要多做資料搜集，充分認清合夥人的內內外外，「回報越大，風險越大」是投資市場的金玉良言。愛情的回報是與你投入的程度成正比的，如果你付出了愛、關心、寬容、理解，你的回報也就是對方的愛、關心、寬容、理解。所以不要吝嗇對愛情的投資，如果兩個合夥人都這樣做，那麼婚姻有限公司將會衝進市場，成為品牌企業。

「公司」「試營業」要謹慎

組建婚姻有限公司的基本條件都已經具備，許多成雙成對的合夥人都已經迫不及待地開始了「試營業」——同居。誠然，試營業對合夥人來說，可以加深對彼此的瞭解，感受彼此是否是合適的合作夥伴。不過，許多同居失敗的例子提醒各位合夥人，「試營業」一定要謹慎！

楊光和曉雪是同一個辦公室的同事，兩人都是青春年少，日日見面，不久就互生好感，攜手走在一起。都說熱戀中的男女容易因衝動而做傻事，曉雪帶楊光見過自己的家人後，就住進了楊光家，從此兩人便朝夕相處，享受愛情的甜蜜。

辦公室裡的同事都為他倆感到高興，每天都跟他倆打趣，而楊光和曉雪卻是相依相偎，讓大家羨慕不已。就在同事們猜測他們什麼時候結婚的時候，事情卻有了變化，沒過三個月，曉雪搬出了楊光家。

原來，當楊光和曉雪的激情甜蜜一過，生活就趨於平淡，當初的甜甜蜜蜜變成了如今的柴米油鹽，兩人之間的矛盾便顯露出來。曉雪家境優越，又是獨生女，從小受到父母的呵護，而楊光在家也是獨生子，深受父母的百般疼愛，這下兩人針鋒相對，誰也不讓誰。於是兩個人開始吵架，並且愈演愈烈。楊光和曉雪漸漸產生了裂痕，在這種情形下，兩人的戀情就如同肥皂泡一樣，「砰」一聲就破滅了。曉雪提出了分手，對楊光，她已經由最初的愛戀演變成了憤恨，總認為是自己吃了虧。一場美好的戀情落得了這樣一個結果，這是誰當初都沒有料到的。

同居，熱戀中的人們都認為是理所當然的，可以天天膩在一起享受甜蜜，為了不可抑制的快樂，在沒有能力開展婚姻生活的時候，突然把自己陷入了婚後的生活中。短暫的快樂沒有了，換來的是生活的瑣碎。每天生活在一起，對方的小缺點也開始顯現，如果感情深厚的話，這些缺點算不了什麼，都可以相互包容。但是在熱戀的時候，彼此看到的都是美好的一面，這個時候同居，看到了真實的對方，往往覺得無法忍受，分開也是在所難免。婚姻不是兒戲，也不是試驗品，在做出同居的選擇前，還需慎重才好。

很多人的婚姻「試營業」失敗，大抵出於對「試營業」這一概念的模稜兩可，不明白應「先辦照再試」，還是「先試再辦照」。其實，「試營業」本身是公司的一種經營方式，主要是指公司剛剛開始運作，許多地方還有待提高與改正，但絕不是指可以在沒有辦理相關證照的情況下先嘗試營業。所以，還是需要拿到婚姻有限公司的營業執照——結婚證書，再開始營業也不晚。

關於同居，還有一點專門對女性朋友而言的。心理學家告訴我們，戀愛中，男方主張同居是希望很快佔有對方，女方同意同居是希望能完全與對方融合，目的有著明顯的不同。有些女性面對男友的同居請求，儘管不情願，卻害怕失去對方，於是違背自己結婚的意願同居了。可是她們不明白，同居意謂著失去了法律之傘的庇護，沒有足夠的能力保護自己的權益。換一個角度想，如果兩個人是真的感情好，女性的合理要求是不會破壞現有的親密關係的！

不過話又說回來，未婚同居的對與錯，也不是一下就能說清楚的，因為同居也有很多的益處可言。如果雙方感情基礎深厚，在結婚前同居，更能瞭解對方，也是有利於雙方的感情發展。

小西與男友由於感情日漸深厚，她同意了男友關於同居的提議。關於金錢方面，兩人達成共識——大原則上保持金錢獨立，小細節處不過多計較。具體說來，每月的房租兩人各付一半，水、電、雜費也是兩人共同承擔，而衣物等個人物品則是各買各的。

同居後，小西與男友很享受甜蜜小窩的樂趣，家務工作早就分攤好了，兩個人都會按時做好。他們每天晚上討論隔天吃什麼，第二天誰有空就去買菜，然後兩個人鑽到廚房切磋廚藝。雖然住在一起，一些浪漫約會還是必不可少的。有空時，兩人會輪流買單請對方吃飯或看電影。小西認為，這樣的同居生活，就是他們以後的婚姻生活演練，她覺得很愜意。

像小西與男友的同居生活方式，基本是正確的。如果你已經下定決心與他（她）同居，在你們沒有同居之前，你需要注意以下幾點：

首先是保持金錢的獨立性。列出家庭帳單的明細，採用家庭內部分攤。共同生活必須醜話說在前面：個人的消費各自負擔，其他日常花銷共同承擔。按照雙方的收入消費水準，共同繳納生活費用，及時記帳結算，保證錢款清晰。

家務工作平攤。一個家到底有多少家務工作呢？擦桌子、洗衣服、給貓咪餵食並清理糞便、做飯、洗碗、刷馬桶、整理壁櫥、倒垃圾……如果這麼多家務工作全部讓一個人承擔，很快就會引起矛盾。所以，家務工作也要事前說好，誰做什麼工作，免得同居後因為這個生氣。

尋找共同生活的樂趣，適時製造浪漫氣氛，才不會讓同居生活顯得乏味而單調。兩個人有了共同生活的經驗，彼此瞭解，才能為公司的成立和良好運作打下好基礎。

組建「公司」前要考慮的N個問題

曾經，婚姻是中國人生命投資中的絕對績優股，「洞房花燭夜」名列人生四大喜之一，但世易時移，大盤不穩，婚姻股成了我們最謹慎的一筆投資，所以要把自己所有的一切購買婚姻股，並且成立婚姻有限公司，實在是一件需要嚴陣以待的事情。面對即將組建婚姻有限公司的男女，需要充分考慮。公司開張後，有太多無法預知的情況需要面對，如果做好各項準備，將可能出現的各種問題都考慮好，才可保婚姻有限公司日進斗金，蒸蒸日上。

你們的感情如何？婚姻與戀愛不同，戀愛是美好的、夢幻的，而婚姻卻是實實在在的生活，容不得一點虛華的成分。愛情固然偉大，但是你們的愛情能否經得住時間的考驗？你們的感情是否到了不能分開的地步？可以試著分開一段時間，如果彼此沒有對方的陪伴過得還可以，那再發展一段時間；如果分開一段時間，兩人都不能忍受沒有對方的生活，那就結婚吧！

你們有生活的目標嗎？目標對一個人來說非常重要，是工作、學習的動力，也讓生活不會變得很乏味。請問你們有共同的生活目標嗎？結婚後兩個人要一起生活很多年，是一個人的半生時間，如果想婚姻幸福，找一個志同道合的人來共度一生，才是正確的選擇。

他（她）對待自己的父母如何？對待你的父母又如何？對待父母的態度能顯現一個人最基本的人品。如果孝順父母，說明這個人還是具備最起碼的品格的，是值得信任的；如果不孝順父母，這個人通常也不會對另一半負責任，甚至有可能對自己的兒女也不能承擔起父親的責任。同時，你的另一半對你父母的態度也是很重要的。如果哪位女士的男朋友對其父母不理不睬，可要警惕了，如果他愛你，那麼他就會愛你所尊敬、所愛的人。對男人而言，如果妻子與自己的父母相處不和，那麼結婚後，煩惱也就隨之而來，當妻子與父母發生矛盾的時候，男人在其中當夾心餅乾，這個滋味可是不怎麼好受的。

你介意他（她）的過去嗎？如果另一半過去和別人交往過，你要有心理準備，別在結婚以後才拿出來說，那只會影響夫妻感情的。

你能接受現在的他（她）嗎？有很多人並不是很喜歡自己的另一半，不過他們倒是有足夠的信心在婚後來改造另一半，讓其變成自己喜歡的樣子。可是要知道的是，改變一個人是很難的，很難很難，就如同改變你自己一樣。你要明白這個道理，別再抱有改造他人的幻想，如果你無法完全接受他（她）現在的樣子，那麼你還需要時間來磨合。

你明白結婚後的改變嗎？結婚是人生中的一個重要轉折，結婚後你不再是父母膝下的小孩子，而在真正意義上成為一個大人了，要面對的事情實在是太多太多了。婚姻在某種程度上是兩個家庭的婚姻，如果兩邊的父母和親戚讓你感覺很累，壓力也會隨之而來，所以，要坦然面對這一切，你就要提前做好心理準備，調整好自己的心理狀態，以全新的自己來面對全新的生活。

你們對於團圓的夫妻生活有安排嗎？婚後的夫妻都希望可以住在一起，享受甜蜜，如果一方需要去另外一個城市發展事業，那麼請婚前告訴你的另一半，因為這是一個不小的挑戰，需要另一半提前做好準備。

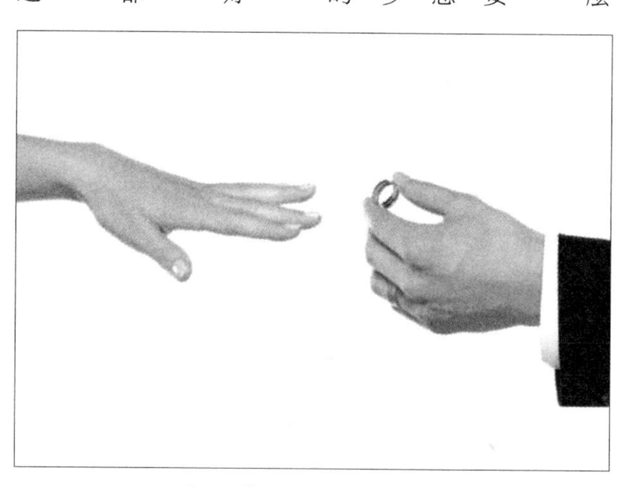

你們有安居的房子嗎？房子是個很大的問題，居無定所的生活很容易給婚姻生活帶來煩惱和不安。婚前請先考慮好這個問題，以免婚後為房子的事情揪心。

婚姻未必是純粹的愛情之果，不能強求它有多麼完美、多麼精彩，但是面對人生的一次

重大選擇，實在需要謹慎為妙。當你單身的時候，你擁有太多的機會可以選擇，但是結婚後，你就已經進入一條規定好的軌道，除了你自己，無人能幫助你順暢行駛，想回頭再來就會付出非常慘重的代價。所以男女組建婚姻有限公司之前，要擦亮眼睛，考慮到這些問題，考慮好了，再步入幸福的婚姻殿堂。

責任感，組建「公司」的通行證

和公司一樣，婚姻也是受法律保護的，它同樣需要以認真負責的態度去對待。組建婚姻有限公司，不能以隨便的態度來面對，它要求兩位合夥人要有很強的責任感。婚姻是神聖的，結婚證書並不單單是一張紙，更不是兒戲，它是對彼此的責任，對家庭的責任，對子女的責任，婚姻中的責任是終生的。一旦走進了婚姻的殿堂，彼此之間就有了相互照顧、相互幫助的責任。

「窈窕淑女，君子好逑」，人們普遍認為男人重視自己另一半的相貌，但是現代社會，大部分人早就發現把外貌做為擇偶第一標準過於膚淺，因為再美麗的容顏也擋不住時間的摧殘，而責任感卻是婚姻幸福的保證，並且不會輕易改變。同樣的，家庭責任感同樣是現代女性的最愛。雖然有媒體不斷吹捧「嫁給有錢人」、「做得好不如嫁得好」等口號成為目前一些女性，甚至女大學生的奮鬥目標。但實際上還是有相當多的女性將家庭責任感擺在第一位。現代婚姻太過脆弱，人們受到的誘惑越來越多，成功男性受到的誘惑更多，如果失去責任感，婚姻也就失去了一道重要的防火牆，任由欲望侵襲，所以要維持一個天長地久的婚姻，還是家庭責任感最重要。

婚前，他與她就約法三章，婚後不干涉對方的生活，給對方絕對的自由。他們向外界宣稱要做一對「新時代夫妻」，而且他們婚姻是最寬鬆的婚姻，他們不會給對方任何束縛，他們不要去承受「婚姻中不能承受之重」。婚後，兩人自由是挺自由的，不過由於缺乏對這個家庭的責任感，兩人的婚姻很快亮起了紅燈。他們各自「自由」地交往著男女朋友，家成了兩人共同的旅社，至於妻子或丈夫應遵守的婚姻責任：彼此的忠誠、共同看望父母親、商量將來的生活等等都拋在了腦後，最後他們還是走到了分手的地步。

婚姻的責任便是丈夫與妻子要對家庭承擔共同的義務，擔負共同的責任。家庭的責任感首先是對自己負責，既然成立了家庭，自己本身要擔起責任來。沒有人能預測未來，所有人都不知道婚後會面臨什麼情況，不過可以肯定的是，現實與理想的差距是無法避免的，婚姻生活中出現各種不良情況也是正常的。面對這些不愉快的事情，負責任的態度是不逃避、不抱怨，坦誠地面對，檢討自己的做法，從自身上找出問題的根源。

婚姻中也要對對方負責。當婚姻中出現各種矛盾的時候，多一份寬容和理解，就是對另一半負責。因為當初選擇他（她）結婚，自然有選擇其的原因，一定是你覺得可以共度一生，才做出這樣的選擇。再說每個人結婚時都是懷著甜蜜的期望，沒人想過離婚的事情，結婚就是尋找家庭的歸屬感，讓一生變得充實而有意義。所以責任一直是跟隨婚姻的，不要埋怨婚後的平淡與乏味。多多關心對方，負起自己應負的責任，讓婚姻更加牢固可靠，讓自己和另一半都有家庭安全感。

當婚姻的基石——那份美妙動人的愛情隨著歲月慢慢逝去，你會覺得婚姻平淡無味。會覺得對方缺點太多，會發現夫妻間交流越來越少……當婚姻患上綜合疲勞症，是什麼能夠讓婚姻維繫呢？是責任心。有人擔心離婚以後自己能繼續在社會立足，可是對方再找到幸福就很困難；有人則擔心離婚會讓孩子的心靈受到傷害……種種顧慮讓人努力維繫這份婚姻，這就是責任心，也是婚姻生活的保證之一。

責任，這兩個字看似簡單，事實上它蘊涵了很深的含義，不僅僅是一句空談，而是要付出實際行動。責任感只有在日常行動中才能顯現出價值來，讓夫妻都有安全感和幸福感。婚姻中的責任是模糊的，沒有完整明確的目錄可以查閱。只要有心，就可以履行責任。

家庭不同於社會、不同於公司之處，就在於家中充滿自覺的愛，而這愛來自於每個家庭成員無私的奉獻，這奉獻源於對家庭的責任感。家庭中的每個成員其實在自己為對方做出犧牲時，其潛意識中都希望得到愛的回報，包括情感上的、言語上的和物質上的，因此，家庭中的犧牲和奉獻絕不應該是單方面的，它應該是雙方自願的付出。在一個家庭中，只享受而無奉獻的人是人世間最自私的人。追求個人理想的實現是崇高的，但以犧牲別人來成全自己，那就顯得渺小了。理想可以不去實現，但責任一定要負。

一段美滿的婚姻，它不僅需要愛情來滋潤，也需要彼此的尊重與理解、忍讓與信任。有人對婚姻與責任感做了一個很好的比喻：「如果說婚姻是河流的話，那麼責任感便是這條河流的堤壩，沒有責任的婚姻，必然如沒有堤壩的河流一樣，遲早會乾涸甚至死亡。」所以，建造好你的堤壩，提高責任感，才能迎接婚姻生活的到來。

正確面對合夥人的過去

婚姻有限公司開張在即，兩個合夥人自然是甜甜蜜蜜，一起商量著組建公司的種種事宜。但是如果你知道你的合夥人過去的一段情事，你還會接受他（她）嗎？人人都有過去，過往的事情可以自己慢慢回味，也可以和別人一起分享，常常可以勾起自己美好的回憶。但是有一種很複雜的「過去」，卻不能與別人分享，並且會擾亂人們的婚姻，這就是過去的愛情。

首先要說明的是，如果你的另一半並不知道你的過去情事，那最好就不要對他（她）說了，別為了賭對方的寬容度，而輸掉了自己的幸福。現代社會的許多人在婚前都會有自己的感情經歷，人的一生會面臨很多情感選擇，在沒有遇到真正陪伴終生的人之前，很可能已經擁有了屬於自己的感情。戀愛失敗後，心底也總會留下一點痕跡，多年後回味也是一種美好的情懷。但是在愛情的世界裡，每個人都希望自己的情人沒有「過去」，是一張清白的白紙，等待著自己揮筆書寫。人在情感方面永遠是脆弱的，人人都希望自己是對方的唯一，一旦知道了另一半的情史，再大度的人，愛得再深也會耿耿於懷，無論如何也無法釋懷。所以，最好的辦法是不提，過去就過去了，只要能夠開始新的幸福生活就可以了。

大鵬曾經很窮，雖然他與初戀女友的感情很好，無奈女友家人的阻撓，最終分手。之後不久，大鵬認識了現在的妻子。兩人談了四年的戀愛，然後結婚。婚後的日子還算和諧，生活也漸漸有了起色，不僅買了新房還生了兒子，日子過得富足殷實。妻子知道大鵬曾經與一個女孩子交往過，但她明白這只是以前的事情了，大鵬現在愛的是她，夫妻倆卿卿我我中也時常拿婚前的情事開開玩笑。有一天，妻子過生日，大鵬買了鮮花與蛋糕，夫妻兩個好不甜蜜。突然，妻子想起大鵬曾經的女朋友，忍不住追問細節。大鵬心情不錯，以為仍像過去那樣只是玩笑，於是如實相告。沒想到妻子卻打翻了醋罈子，從責問開始，直到爭吵。一邊是委屈的痛哭，一邊是無奈的沉默，最終爆發大戰，繼而有了離婚的想法，幸好夫妻兩個到底還是有感情的，沒有離婚。但是前女友成了妻子的心頭之患，不時就會發作一下，弄得夫妻感情出現裂縫，一直無法和好如初。

既然情人的過去難以磨滅，那就只有故意忽略，這個時候你應該換個心態去想這件事。如果你不知道此事，生活不還是一樣幸福地繼續？多想想對方這些年對自己的好處和為家庭的付出與犧牲，如果你的情人沒有失敗的過去，怎麼會有你們幸福的現在？活在當下很重要！何必用過去來折磨現在，這樣只會讓兩個人都過得不好。當覺得自己做得過分而對方很無辜時，就能平息自己的委屈和憤怒了。

阿傑與女友交往一年多了，感情十分好。阿傑知道女友之前有過一個男朋友，但是他對自己非常自信，一直沒有問過女友與前男友的事情。可是有一次無意之中，阿傑看到女友電腦中和別人的親密合照時，心還是被狠狠的刺痛了一下。他平靜地問女友這是誰？女友自然地告訴他，是前男友，阿傑沒有再說什麼，即使他心中十分彆扭，他還是默默地將心中的若干個問題壓了下來。偶爾阿傑也會想起來她電腦中的照片，可是他總是告訴自己，照片算什麼，我擁有的是她這個人。幾個月後，阿傑在幫她修理電腦的時候，在資源回收筒裡看到了那些照片，當時只有一個念頭：這個丫頭是在乎我的！他狂喜地點了清空的按鈕，幫助她將她的選擇清理乾淨。阿傑的平靜與寬容，讓女友最終選擇了將與前男友的照片刪除，他倆的感情沒有受到絲毫影響，依舊親密無間。

對於曾經愛過的人，是否能像電腦操作一樣在自己的腦海中選擇刪除？恐怕沒有幾個人能做到，曾經的他（她）的壞與好，都會深深地印在內心深處，保留過去戀人的照片，這是人之常情。應該做到多理解，把自己放在對方的角度想一想，誰能保證自己沒有珍藏過曾經愛過的人的照片？要告訴自己，自己擁有的是情人的現在和將來，至於過去，就不必深究了。在看到過去的照片時，神色坦然地問愛人這是誰？讓對方看到自己的胸懷，也藉機看看情人的反映，這件事情處理好非但不會影響感情發展，還可以讓兩個人加深信任與理解，感情更上一層樓。兩個人能在一起很不容易，何必為了這一點小事情鬧得不愉快。

有的情侶之間出現這種事情，當時能夠安然度過，但是心底總是埋下不愉快的種子，在以後的生活中總是會發芽。要知道，面對對方的過去，有幾個禁忌是不能去觸碰的：

兩個人在一起，總會有吵架的時候，但是你可千萬別一時衝動，用情人的過去來攻擊對方，這樣的火上加油往往讓事態發展成不可收拾的地步。你是覺得出氣了，痛快了，但是卻讓對方傷心欲絕，容易產生感情裂痕，到時候追悔莫及。在氣急之下說出「我就知道你後悔和我好！你去找他（她）吧！我成全你們！」這樣的話，無疑也是十分愚蠢的，如果總是這樣說，小心情人一氣之下就照你的指示去做了。

醋意濃濃的你，總是疑心情人與舊情藕斷絲連，情人做什麼都有嫌疑，以致於不允許情人有任何的隱私，對情人的日記、手機嚴陣以待。可是這樣做，卻會使情人的心離你而去，因為人盯得住，心卻是無法掌握的。你已經擁有了情人的今天，何必那麼貪心！不妨大氣點，讓情人感覺到你對他的信任，這樣反而會讓情人留在身邊。信任是維繫夫妻間的感情的樞紐，信任對方，家庭才能穩定，幸福才會隨之而來。

一旦知道情人對你隱瞞他（她）的過去，馬上雷霆大作，不聽任何解釋，與對方劃清界限。這樣的做法只會讓兩個人的隔閡越來越深，要給對方解釋的機會，也給自己冷靜的機會。等明白真相後再做決定，才是正確的決定。

不要因為情人過去曾經犯過的錯而嫌棄、貶低對方。愛需要包容、關愛，而不是挑剔、刻薄。

過去永遠也無法成為現在或者將來，永遠不能讓過去影響現在甚至將來。無論過去發生過什麼事情，身邊的他（她）畢竟是你最在乎的一個人，會陪你一起面對未來，共度一生。

培養經營婚姻「公司」的能力

婚姻有限公司是一種合作共贏的關係，要夫妻雙方共同來經營，來更新。一個人的婚姻能不能經營得好，需要一種責任和能力。如果經營能力有限，婚姻公司很可能就關門大吉了。也許你會奇怪了，不懂得經營的人怎麼會開公司呢？的確，不懂得經營的人不會輕易

開以盈利為目的的公司，因為開公司是需要投入成本的，操作不當便會血本無歸。但是婚姻有限公司與別的公司不同，它的運行看似很簡單，實際上也是需要悉心經營的。有很多人都沒看懂這一點，沒學會經營婚姻有限公司的時候就盲目開張了，結果輸得很慘。

他和她是同學，國中時就關係甚好，雖然各自都有自己愛戀的對象，但是他們對彼此的印象都非常好。後來畢業後，各自的情人都離開了，緣於國中時的友誼，也因為不願看見和自己一樣痛苦的人，他和她互相安慰、互相鼓勵，日子一久，情愫漸生，就結婚了。以後的日子，他倆似乎過得挺不錯，車子、房子經過一番奮鬥都買下來了，還生了一個大胖小子，日子其樂融融。老同學們只要聚在一起，準會一起羨慕他們，多麼完美的一對！可是就是這樣的一對璧人，居然突然宣佈離婚了！在老同學們的驚愕中，他和她分別訴說著諸多怨言，都在指責對方錯得太多，無法原諒。眼看著兩個人都越來越憔悴，卻都不願回頭，不願再去面對那個曾經甜蜜的家。原因是什麼？就是因為兩個人都不懂得經營婚姻。

婚姻有限公司經營的是感情，獲利的是幸福。一個人的經營能力決定了公司的經營狀況，而經營能力到底是怎樣的？其實經營能力並不是指什麼太複雜的東西，它體現在公司內的言行舉止上，小小的一件事情就能反映出一個人的經營能力如何。比如說吵架，這是夫妻之間都會有的，如何處理吵架問題就是一個考驗經營能力的機會。

小王和他妻子結婚三年，早就約定兩個人不許同一天都生氣，如果一個人先生氣了，另

外一個就是有再不愉快的事情也要忍到第二天。有一次，是他妻子先發火，於是把衣服扔那裡不洗，小王便什麼話也沒說就洗了，她不做飯，小王便到外面買了便當，直到過了零時，小王才一拍桌子對他老婆說：「現在該我發火了！」

這雖然是個小小的故事，但其中大有哲理，其實兩個人之間能做到小王夫婦那樣，基本上就不會吵架了。正面發生衝突，衝動地責怪一個人是沒有用的，還會引起他（她）的反感。不如自己忍耐一些，用自己的行動來感化他。事情過後，再選個合適的機會，心平氣和地一起談心，這時你再告訴他（她）你那天的感受、對他（她）的看法之類的，一般情況下，這時無論是誰都會接受你的觀點的。時刻保持平常心，如果他（她）不想牽你的手，你最好不要強迫，也不要因此而不高興，兩個人之間鬧彆扭，十之八九是因為兩個人同時都在生氣。如果只有一個人生氣的話，是不可能吵起來的。這就是經營婚姻的能力。這種能力還包括一個眼神、一個動作、一句話等細節，這些細節蘊含著溫柔的語言、嫵媚的眼神、呵護的動作、理性的處理問題等各種有利於婚姻的元素。

兩個人彼此愛上對方不需要靠努力，只需要靠「緣分」，是上天的安排，但是「持續地相愛」或「相愛很多年」就要靠努力，靠經營了。在婚姻的經營中，順暢運轉的要素就是溝通、體諒、寬容與自制（面臨誘惑有所自制）。有許多人總是被婚姻表面的單調乏味所迷惑與苦惱，嚇得不敢進入婚姻，在婚姻外徘徊猶豫，而忘了培養經營感情的能力才是幸福的關鍵，自己努力過才能獲得多彩的婚姻生活。總是去想到底誰才是陪伴我一生的情人，然而對身邊的人卻毫不在意，也不去培養經營幸福的能力，這樣做無異於臨淵羨魚。當情人出現在身邊的時候，沒有經營幸福的能力，幸福依然會錯過的。

現代社會充滿了高度誘惑，婚姻有限公司面臨的內外環境日益複雜，對公司管理人員的要求也不斷提高。是否有優秀的經營能力，直接決定著婚姻有限公司的經營成敗。顯然，不肯付出、軟弱無能者是無法擔當起管理婚姻有限公司的重任的。所以，在成立公司前，千萬先審視一下自身，是否有經營婚姻有限公司的能力。

婚姻有限「公司」組成流程

眼看婚姻有限公司就要組建成功，我們再來看看公司的組成流程吧！

婚姻是經營愛情的上市公司；

想要組建成功，先要摸透愛情市場，做好市場調查；

小心翼翼地遵循著市場的潛在規則；

選擇合適自己的合夥人；

如果實在找不到，就只能去參加「專案洽談會」；

待選定合夥人，就進行專案的可行性研究；

培養自己的經營能力；

見過股東，獲得他們的經營許可；

同居是公司的試營業，須謹慎對待；

搬運嫁妝是資產整合的第一步；

硬體和軟體一個也不能少；

結婚登記是工商註冊；

結婚證書是公司合法經營的營業執照；

婚前體檢是為了得到衛生許可證；
婚禮是公司成立的慶典；
厚厚的紅色禮簿是記載公司收入的會計帳單；
隆隆的鞭炮聲預示著未來生意的興旺與發達；
高高的聲調傳遞著主持人的幽默搞笑與祝福；
長長的禮儀車隊招搖過市向滿街的人們宣佈；
地球村裡又一新的婚姻責任有限公司今天成立了。

第三章・「公司」內部，請各司其職

婚姻有限公司內部職位真是不少：董事長、財務部長、衛生部長、公關經理、飲食部長等等，每個職位任務都不輕鬆，每個職位都得擔負重要責任。為了經營好婚姻有限公司，請各司其職，共同努力！

「公司」決策主導權爭奪戰

一個職權明確的權力結構是公司穩固的基礎，說通俗一些，就是公司中得有人「說了算」。而婚姻有限公司也一樣，正式開始營業之後，有一個急需解決的問題：兩個合夥人投資股分相當，那麼這個公司的決策主導權該歸誰？這個問題一定要解決好，因為有許多婚姻有限公司因為爭搶決策主導權，導致內部衝突，以致引起公司危機。

夫妻間的主導權之爭由來已久，古代婚禮中的「搶門」習俗，即是夫妻雙方爭奪「當家人」大權的縮影。婚禮中新郎迎娶新娘到自己家門的時候，新郎、新娘同時衝向洞房，誰先到達洞房即能在以後的日子獲得當家的權利。當然這只是一種風俗，但是人們卻是「搶」得不亦樂乎，雖然是營造婚禮上熱鬧喜慶的氣氛，不過想當家的心思卻也是活躍得很。到時候不僅是新郎、新娘，雙方的親戚也會跟著加入「戰鬥」，送親人拉住新郎衣服讓他寸步難行，迎親人在洞房前築起「人牆」，讓新娘無法順利進門。雙方要在洞房門口「搏鬥」很久，累得氣喘吁吁為止。就算進入了洞房，夫妻間還要繼續進行一番明爭暗鬥。民間流傳這樣一種傳說，如果新娘娘家送來的被子壓在新郎家的被子上，就能對丈夫發號施令，牢牢抓住家庭的財政大權，相反，丈夫就會壓在妻子的頭上，妻子就得聽丈夫的命令。為了爭奪當家的權利，兩人相互「謙讓」著，不斷地將被子疊好鋪好，生怕對方將被子壓上來了。

古老的風俗習慣雖然已經成為過去，不過這不免代表了人們的一種想法，那就是到底誰當家。有很多幸福和成功的婚姻，既可能是男人主導，也是雙方的共同施政，婚姻成功的定義和內容也是不盡相同的。一般說來，婚姻有限公司的決策主導權安排方式有三種：傳統模式夫唱婦隨式、時尚模式夫妻合作式、大膽模式妻主夫從式。

現在的年輕夫婦一般都是執行夫妻合作方式，他們認為只有互相平等、互相尊重、互相理解和協調一致的夫妻關係，才可能帶來婚姻的牢固和幸福的體驗。兩個人都有說話的權利，共同擁有婚姻主導權，兩人的關係也不再是誰絕對居高的地位，可以互相建議，但絕不強制專制，可以相互付出，但絕不卑下。

傳統模式呢？也有不少人在執行著，如果妻子願意聽從丈夫的意願那也不錯，這樣不容易起爭端。何況有的女人天生就缺乏主見，在男人的操持下，她們反而能走過幸福的一生。

大膽模式的確有點出人意料，但在現在的社會條件下也不少了。女性的能力越來越強，既然她可以做出更英明的決策，那丈夫聽從妻子的話，又有什麼不願意的呢？只要能獲得婚姻的幸福感、滿足感，誰主導又有什麼關係，結果最重要，過程往往是忽略不計。

這三種夫妻關係模式，可謂各有千秋，誰也說不清哪一種關係模式好，哪一種關係模式不好。其實哪種都一樣，只要能發揮出夫妻各自最大的能力，那就是適合的關係。但是關鍵是夫妻雙方是否都贊同運用一種模式，如果夫妻意見不一致，哪種模式關係也不能發揮最大的作用。美滿的夫妻關係從來沒有固定的模式，如果能擺正心態，哪種決策主導權模式都未嘗不可。

董事長柔性管理員工

董事長雖是最高職位，但是和別的公司不同，身為婚姻有限公司的董事長，可不能高高在上、目中無人，一味靠冷冰冰的規章制度管人。其實董事長在平常做事中，要體現人性化管理與溝通，用一個比較專業的詞語來說，即「柔性管理」。柔性管理的好處在於不是依靠權力影響力，而是依賴於員工的心理過程的轉變，運用人性化的管理來激發每個員工內心深處的主動性、內在潛力和創造精神，使其不用被鞭策就會主動為公司的發展貢獻出自己的力量，因此柔性管理具有明顯的內在驅動性。

身為婚姻有限公司的董事長，公司內部出現問題，就要積極採取辦法解決，加強溝通是最好的解決方法。記住，一定要有一方主動要求溝通才行，這個重任當然就落到了董事長的身上。溝通在管理中佔據了重要位置，有時有效的溝通就可以決定成功的管理。而在溝通中能設身處地為他人著想，往往會取得較為理想的效果。

每月的最後一個星期六，是蘭蘭和丈夫雷打不動的「溝通日」。因為丈夫是路橋工程師，平日裡冒著烈日在工地上跑，晚上回家時也早已精疲力竭，連話都懶得多說，無法分出精力照顧家裡，所以蘭蘭成了家裡的一把手。不過蘭蘭是商場的營業組長，上班也非常忙碌，孩子小，家務事也多，弄得兩人關係有點緊張。常是他要求她「溫柔」，卻總聽她嘮叨抱怨，她希望他「體貼」，他卻發火說我在外拼命掙錢還不都是為了你們母子倆，回家來當然應該讓我休息放鬆看看電視等等，三句話不投機，就會要嘛引發一場爭吵，弄得雞飛狗跳，要嘛冷著臉好幾天互不理睬，心情壓抑煩躁，日久嚴重影響夫妻感情。

身為家裡的領導級人物，蘭蘭開始想辦法緩解這個情況，她向丈夫宣佈，把每月的最後一個星期六訂為固定「溝通日」。屆時堅決把所有雜事都放下，把孩子送到外婆家，而後夫妻倆就騎車來到戀愛時常來的公園邊，或心平氣和地互相溝通交談家事，安排下個月生活，或毫不遮掩地數落批評對方，或乾脆就臉紅脖子粗地痛痛快快吵上一架（反正在這兒吵架鄰居、同事聽不見）。說完、吵完之後彼此都感覺輕鬆，兩人還會像過去那樣去看個電影什麼的。自從實行每月一次徹底溝通之後，心中的不滿情緒得到定期釋放發洩，夫妻倆平時就再也不會爭吵了，家務工作分著做，疼孩子、敬老人，和和氣氣地讓人好不羨慕。

柔性管理要求員工把外在的規定轉變為內心的承諾，並最終轉變為自覺的行動，因此它對員工具有強大而持久的影響力。想讓孩子們乖乖地幫你做家事嗎？那就得動動腦筋，發揮一下董事長的聰明才幹了。

馬克．吐溫筆下的湯姆．索亞就是一個聰明的小孩，他被分派刷院子的籬笆牆，這個工作對他來說，當然是枯燥無味的，他腦筋一動就想了一個計策。湯姆裝作一副津津有味的樣子來刷牆，別的孩子看了都覺得很奇怪，他們也想試試來刷刷看，但是湯姆不願意，說除非他們拿東西來換。孩子們更好奇了，於是都拿出自己珍愛的寶貝來交換一次刷籬笆牆的機會！這樣籬笆牆很快就刷好了，湯姆不僅得到了許多寶貝，還能輕鬆地去玩了。其實小孩子都不喜歡做家事，是因為覺得洗碗、掃地之類的工作枯燥無聊，如果你能改變一下他們的思路，意料之外的小獎勵常常可以起到意想不到的激勵效果，讓做家事變成一件美妙的事情，那麼孩子們也就高高興興地去做了，你的計策就成功了。

對待老公也是如此，很多的男人雖然年齡增長，但在家務工作上還是像小孩子一樣。很多妻子可能都有過這樣的經歷：交代好老公一大堆事情，但是幾天下來發現他一件也沒做好。妻子不由得動怒，但是他還是一副懶洋洋的樣子。該如何讓他乖乖地做事呢？那就是一項一項地告訴他工作內容，不要一次給一堆，這樣丈夫很容易失去耐心，反而一件事也做不好。如果每次只交給他一項任務，他覺得很輕鬆，也就很快地把事情做好了，這時妳再給他新的工作任務，又能輕鬆完成了。這樣，妳的意願達到了，丈夫也覺得生活充實，不再覺得無聊了。

在婚姻公司中，如果員工犯了錯，又與董事長持不同意見，不肯認錯，不肯改正，那麼董事長該怎麼辦呢？想憑藉一貫的權力來強壓員工是不能讓他心服口服的，並且容易讓員工產生反叛心理。理性的分析才是讓員工接受意見的最好方式。先分析自己建議中不好的一面，讓對方感到你的真誠，並得到他的信任，給後面的談話做好一個輕鬆氛圍的鋪墊。然後再說這個建議對員工的好處，一旦員工明白其中的道理，心裡就已經開始動搖了。這時董事長再略嚴肅地提出批評，對員工犯下的錯誤提出異議，這時員工就會心服口服地接受董事長的意見，改正錯誤了。

再有，董事長不能太過責備員工。員工出現錯誤也是很正常的，如果董事長的反應都只有生氣、指責，久而久之自然會打擊員工的自信心，一個總被老闆挑錯的員工會因感到前途無望而辭職，一個總是被老婆批評的老公會因感到愛情受挫而失望難過。沒有人願意整

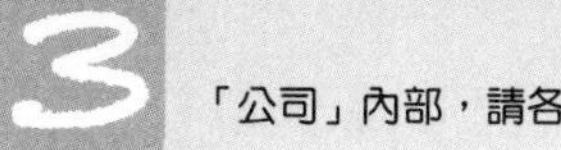

天被人指責，特別是自己最親密的人。學習培養員工一定的責任感，要讓員工在公司保持「我主沉浮」的感覺，時刻保持建設婚姻的主動性。這樣一來，不用董事長監督，員工自然就把工作全部做好了。

衛生部長創造良好的環境

一家好的公司，必然有著溫馨整潔的工作環境。就好像google所為人津津樂道的，往往是它輕鬆閒適的工作環境，當一家公司有著誘人的美食，有著眾多的遊樂設施，有著可以任你自由活動而不受約束的工作狀態，那還有誰願意離開呢？我們經常說，好的公司是有家的感覺的公司，可見，對大多數人來說，家就是一個溫馨舒適的所在，所以在一個家庭中也是一樣，溫馨的家庭環境才能留住員工的心。

要打造良好的環境，乾淨整潔是第一步。這個時候就必須衛生部長來負責了，這個職位沒有固定人選，丈夫與妻子都可以負責，不過最好的辦法是兩人同時負責。

現在很多年輕的夫婦普遍缺乏動手能力，加上他們把大部分的精力都投入到工作中，所以很多人不願做家事，於是開始嘗試「零家務」生活模式，就是做飯雇個鐘點工或是從飯館叫外賣、打掃交給清潔公司、孩子讓保母來帶、衣服拿到乾洗店清洗等等。年輕人認

為，自己不擅長做這些家務工作，不如把這些工作交給別人做，自己則利用這些時間來工作或學習，創造更多的收入，同時也讓社會多一些就業機會，是一件雙贏的事情，何樂而不為呢？

誠然，「零家務」的確是現在一種新的生活方式，是適應這個社會的發展應運而生的，但是常此以往，對年輕夫婦來說，也會有一些副作用的。要知道，家務工作是婚姻生活中不可缺少的一部分，它不僅僅是勞動，也會給家裡帶來溫馨和幸福感，有利於夫妻溝通，促進和睦，是放鬆精神的好方式。「零家務」生活模式剝奪了做家事的樂趣，不利於家庭氛圍的塑造和家庭成員感情的維護。所以年輕夫婦還是應該多學習做家事工作，不要讓家務工作失去應有的作用。現代家庭的擺設都講究有合理的布局，更重要的是，心情也要有合理的調劑。清潔家居，難道不是讓我們生活品質不斷提升，心情越來越好嗎？

清潔勞動十分瑣碎繁雜，如果毫無計畫、雜亂無章，可能終日為家務所累，搞得疲憊不堪，所以，做家事工作也是需要合理安排、周密計畫的。可以將家務工作全部列出，分類安排每天、每週、每月需要做的家務工作，如小的清掃類家事可以安排每天一次，大的整理類家事每月一次，洗衣類家事每兩、三天一次，採購類家事兩、三天一次或一週一次等等。灰塵不及時清理就會越積越厚。灰塵堆積得越厚，就越難清理，所以平時養成隨時清理的好習慣，可以輕鬆一點。家務工作不是真正的工作，沒有必要要求做得十全十美，更不要指責對方做得不夠完美，只要動手了，就是值得讚揚的，這樣可以將家務勞動的數量、強度和時間都可大大降低，時刻保持輕鬆的感覺。

家務工作是每個家庭都少不了的一項勞動工作，很多人不喜歡做家事，覺得太過繁瑣和辛苦，其實這是因為自己不會調節心情。如果做家事工作的時候有個好心情，就會覺得很輕鬆，感覺就大不一樣了。放一些自己喜歡的音樂，隨著音樂放聲歌唱，不用理會是否好聽、是否走調，反正在自己家裡唱歌，沒有人會投訴你的。或者跟家人一起聊聊天，說說最近發生的有趣事情，聊聊最近的新聞，發表自己的一些看法，傾聽家人的一些談話，增進與家人的溝通。等家務工作做完之後，看著自己的勞動成果，就會覺得很有成就感，心裡的喜悅也就隨之而來。

家務工作不是屬於一個人的，是由家庭成員共同承擔的。家人要按身體條件、特長、興趣、愛好及上下班時間等進行合理的分工，各自承擔一定的家事，做起來會省時省力，可以取得家務勞動的最佳效果。但是，分工並不意謂著絕對的分派工作，如果家人有自己的事情需要做，無暇做家事的時候，其他人要給予理解和體諒，主動承擔起家務工作。

清潔的環境不但有利於身體健康，而且有助於心情清爽。當打開家門，看到一個乾淨、舒適、美麗的家，連勞累的心也會打開了，變得敞亮、輕鬆。

調解員解決「公司」內部矛盾

現在，越來越多的公司開始關注到員工的心理問題，甚至會安排專門的心理諮詢師為員工們做心理上的調節，因為他們清楚，員工們有了良好的心理狀態，才能專心的投入工作。而婚姻有限公司與其他公司有一些不同之處，即公司內部員工是處於平等地位的，沒有絕對領導與被領導的關係，因為誰也不會完全聽從誰，這樣也就更容易出現矛盾，而且層出不窮，這個矛盾還沒有解決，下個矛盾又來了，這就需要調解員來解決矛盾。在婚姻公司中，調解員與其他職位不同，它不由專人負責，而是全體員工都有做這項工作的權利和義務。公司產生的各種矛盾也是有各種原因的，應該根據不同原因，採取不同的解決辦法。

當夫妻雙方各執己見難以達成共識時，夫妻雙方切忌各執一詞互不相讓，造成一般性爭吵，如不及時制止，並有效解決，可能成為家庭矛盾的起因。解決這類矛盾要保持冷靜，哪怕當時迴避一下，也能防止事態惡化發展。當然，一定要掌握迴避的程度，不能讓暫時的迴避變成忍讓和遷就，如果夫妻中的一方總是一味地忍讓、遷就，以為這樣就能化解矛盾，這樣做，表面上是不吵不鬧了，但是心底的疙瘩卻永遠不能解開。一旦時間久了，積怨太深，忍讓的一方必然會爆發一次，而另一方已經習慣了對方的忍讓，此時更難以接受對方的態度，一下子就出現無法收拾的局面。所以說，暫時的忍讓是應該的，但是矛盾過後要找個機會把問題解決，讓兩個人心裡都不留下疙瘩，這樣才是最好的解決辦法。

俗話說：「人無百日好，花無千日紅。」夫妻感情也是如此，天天在一起難免感到乏味和單調，彼此沒有了在一起的樂趣，這時感情急躁，容易出現矛盾。這時候最好的辦法就是「三十六計走為上策」。當發現另一半對你態度冷淡時，別想太多，找個機會離開一下，等你回來後就會發現情人已經度過了冷淡期，小別勝新婚，你們的感情也會更加融洽。馬克思在給妻子燕妮的信中也說道：「經常地接觸會顯得單調，日常生活瑣事會因此而鬧大，而深摯的熱情由於對象的親近而表現為日常的習慣，人們只要分離很短一段時間，一切就會恢復原狀，以前被當成重要大事的不愉快的瑣事，現在又成為小事，而深摯的感情，在分別的魔術般的影響下會壯大起來，並重新具有它固有的力量。」可謂至理名言。

有時候，當夫妻一方身體出現不適或生病需要人照顧時，另一方缺乏必要的關心和照顧，也是導致夫妻矛盾的潛在因素。如果情人工作很多，常常忙得沒有時間休息，當然也沒有時間再陪你，你此時的態度是很重要的，千萬別抱怨、責怪對方，要體諒他（她），讓對方感到你的關懷，哪怕再忙他（她）也不覺得累了。要是情人生病了，你要發揮出作為情人最大的作用，照顧他（她）直到恢復健康。生病的人脾氣也會變得不一樣，委屈而任性，不要太在意，體諒對方的任性是暫時的，只是一時的病情所致，等身體恢復了，他（她）會加倍回報你的。

夫妻雙方都有可能犯錯，這是不可避免的，但對待錯誤的方式如果不當，也是導致夫妻矛盾的一個重要因素。對待此類矛盾，關鍵要持一個寬容的心態。完美的人不存在於這個世界，誰都有長處和缺點，誰都有可能犯這樣或那樣的錯誤。如果你總是苛求著對方，那麼捫心自問你自己能否做到從不犯錯？如果答案是否定的，那麼就以一種寬容的心態來面對對方的錯誤吧！

通常夫妻會因為日常收支而產生摩擦，進而破壞夫妻感情。當夫妻雙方因經濟問題發生糾紛時，切忌互相指責。要解決這個矛盾，首先應開誠布公地就消費問題進行討論，在消費觀念上先進行協調溝通。在經濟開支上多尊重雙方意見，多商量，不要獨斷獨行。婚後財產屬於夫妻共同財產，都應積極維護。還要注意量入為出，計畫開支切忌講排場、要面子，在送禮用度上不能超出自己所能負荷的水準。如果的確是一方有過錯，另一方也不應橫加指責，夫妻間的感情才是最主要的。不應因為經濟問題而傷害感情，金錢失去了可以賺回來，感情破裂了，就再也難以修補了，所以夫妻雙方應考慮孰輕孰重。

上面說了很多的家庭矛盾情況，但是也沒有全面地總結出家庭矛盾。由於家庭矛盾的多樣性和複雜性，也許生活中你還會碰上形形色色的家庭矛盾，這時候不要著急，有個方法可以以不變應萬變，那就是跟另一半生氣後，自己先想辦法把心中的氣釋放出去，然後再心平氣和地與他（她）溝通。

有一對夫妻，原本是大學同學，兩人能力、素質都很高，在工作上都是一把好手，可是婚後不久兩人常鬧彆扭，一直戰火不斷，每次鬧矛盾時他們都各不相讓，家庭生活因此蒙上了陰影。有一天，妻子發覺不能這樣下去，於是找到一位心理醫生訴說了婚後的不愉快。聽了她的訴說，醫生沒有直接回答，卻給她出了一道腦筋急轉彎：一輛裝滿貨物的大卡車要通過一個橋洞，但貨物高出橋洞幾釐米，無法通過，應該怎麼辦？妻子左思右想，想到了卸貨、繞道，都不是最好的辦法。最後，還是醫生告訴她標準答案：「給汽車輪胎放點氣，讓汽車矮下去幾釐米，不就能通過橋洞了嗎？」醫生的提醒使她如夢初醒。夫妻生活也是如此，工作事業上要幹勁十足，在家庭生活上卻不能氣太足，那樣必然會磕磕碰碰，要給氣太足的車輪放放氣，才能讓婚姻這輛車順利通行。你生氣的時候，可以找一個最適合自己的發洩口，比如唱歌、做運動、逛街等等，直到氣消了，再回去解決矛盾就好辦多了。

最重要的是，爭吵也許難以避免，但每次吵架後要懂得尋找原因，以免下次犯同樣錯誤。人主要是靠經驗生活的。常言道：「吃一塹，長一智。」錯誤能使人聰明起來。當發生矛盾後，要細心思考問題的來源在哪裡，是否是自己做錯了，多從主觀找原因，不尋找客觀的理由。等氣消之後，與另一半一起分析這次的矛盾在哪裡，如果下次再有此類矛盾，應該如何處理。否則以後出現新問題，雙方又產生摩擦，仍然「外甥打燈籠——照舅（舊）」。在一次次的爭吵中，夫妻雙方都在成長，改正自己錯誤的地方，共同創造家庭的和睦與幸福。

家庭生活中難免磕磕碰碰，再好的夫妻也會有小小的不愉快發生。幸福的家庭之所以能夠幸福，其中一個重要的原因就是解決爭端時採用了正確的方式。學會處理矛盾，那婚姻公司才能良好的運轉下去。

公關經理維護好對外關係

公關經理，似乎是大公司才會有的一個職位，婚姻有限公司也需要嗎？答案是肯定的，「麻雀雖小，五臟俱全」，婚姻有限公司並不是獨立存在的，要知道，哪怕在自己的城市裡都有數以萬計的婚姻有限公司，每一天都會有新的公司成立。那麼公司與公司之間的交往在所難免，所以公關經理也就是婚姻有限公司必有的職位。

身為公司的公關經理，要負責舉辦外交接待活動，妥善處理各種對外事務，還要負責公司對外形象宣傳，代表公司建立、保持與其他婚姻公司的良好合作關係，負責組織公司企業文化建設，提煉和宣傳企業理念，舉辦各種活動，促進員工凝聚力等等。一般來說，保持與其他公司的良好關係是婚姻公司公關經理工作的重點。

對待父母，要孝敬、關心。父母到了要子女孝敬的時候，已經步入高齡。此時，他們生活上、精神上越來越需要子女孝敬，而且這種孝敬主要在親情，而非用金錢或雇個保母來替代的。「百善孝為先」、「父母在不遠遊」等古訓，說明傳統孝文化早就把孝敬父母放在優先的位置；隨著年齡的增長，子女孝敬父母的機會也就逐漸減少。商機之類錯過了還會再來，而失去父母健在的孝敬機會，那就時不我與，會憾終生。

對待朋友，要多多交流，相互幫助。朋友永遠是人生的一筆財富，無論是物質還是精神方面。物質上面，如果碰到了困難，朋友不會袖手旁觀，會伸手拉你一把，助你度過難關，所謂多個朋友多條路。精神方面，人不能缺少朋友，經常見面聊聊天，能讓你吐出心聲，心中的鬱悶愁苦一掃而空！其實真正的友誼很簡單，並不複雜，只要你付出真誠和真心就夠了。

對待同事，關係要稍微複雜一些。同事是因為工作關係而有交往的，與對待朋友有所不同，言語要謹慎一些，不要涉及過多的私人情感與金錢，不過和同事交往最重要的也是真誠，不要過於奉承別人，這樣反而會招來同事的反感；也不要尖刻地去批評別人，這樣會招來同事的厭惡。

財務部長把好財政關

婚姻有限公司的財政問題是個大事情，財務部長因此責任重大，要負責公司帳務處理、會計核算、報表製作、現金管理等所有財務工作，推動並落實公司總部各項財務政策的執行，並確保結果的實現。不過，財務部長也許不是一個人總攬財政大權，很多公司都是內部員工來管理財政。基本來說，公司經濟分為三種制度：家用各付各的、家庭會計制、一人獨攬財政權制。

家用各付各的，即夫妻雙方各自掌握財政權，互不干涉，家中所有公共開銷由雙方均攤。這種制度的優點在於可以減少夫妻間因為經濟而引發的糾紛，有利於家庭和睦，深受獨立意識強的青年人歡迎。但是，家用各付各的有許多與生俱來的缺點。首先，夫妻間各管財政不利於感情發展；其次，夫妻雙方的錢都掌握在各自手裡，不利於家庭理財。

家庭會計制，是夫妻雙方根據個人經濟收入情況、性格進行分工，收入高的一方做會計，心思細膩的一方做出納，這樣一來，夫妻雙方分擔管帳和管錢的權力，互相監督和制約，減少亂花錢的機會。

一方獨攬財政權制，是夫妻中的一方在家庭經濟生活中佔有絕對支配地位，不管是男方還是女方，只要有管理財政的能力，就可以完全掌握財政大權，而另一方每月將全部收入「上繳」，並無條件地服從「財政決策」。

一般而言，妻子在家做財務部長的比率比較高。有的男人會覺得不服氣，有的男人會覺得不好意思，但如果你的會計頭腦不如妻子，那就要多向下面的小吳學習了。

小吳與妻子剛結婚的時候，並不情願把財政大權拱手讓出，自己大權在握，但是不知是當時的收入太少，還是花費太多，或是用錢太亂，往往不到月底就沒錢用了。沒辦法，他只好授權讓妻子來試試。沒想到妻子不但在「見習」的那個月當家當得出色，既沒有赤字，還真有結餘，並把小吳抽的菸也提高了一個檔次。小吳開始佩服她了，便把財政大權拱手相讓。在後來的日子裡也一直如此，特別是有了孩子以後，妻子仍然能把全家的吃、穿、住、用等方方面面都安排得井井有條，不僅買了房子，而且還添置了家庭影院、微波爐、冰箱等大件家用物品。妻子當家很會精打細算，對於餐桌上的食譜如何搭配得當，花錢最實惠，口味最好，妻子都要仔細盤算好。還有家中各人的穿衣戴帽，到什麼季節要添什麼衣服，她都把握得很有分寸，即使哪個月要參加宴席，要支出多少送禮錢，她也能計畫好。這下小吳心服口服，並且積極主動地配合妻子的工作。

很多男性不願意將財政權力交給女性，覺得這是很沒有面子的事情。但是根據科學研究顯示，和男性相比，女性在理財方面確實想得多一些、長遠一些，尤其是面對整個家庭的財政規劃，女性通常都考慮到上有老，下有小，在財政方面也就更加小心和精心。而男性的粗心是世人公認的，所以男性朋友們，也就不用不好意思了，不管誰當財務部長，只要公司財政收支合理，還能積攢下資金，那又何樂而不為呢？

財務部長雖然權力很大，但是肩上責任也很艱巨，稍有不慎，家中便會出現財務赤字，所以在日常工作要注意以下幾點：

杜絕多口支出。如果家庭費用由兩個合夥人共同支出，這樣沒有計畫，容易造成浪費，且資金數額不好控制。最好是家庭的水、電、瓦斯、生活必需品、電話費、網路費等全部費用由財務部長一個人支出，特殊情況（財務部長不在）時由合夥人墊支，回來後實報實銷。

減少刷卡消費。現今，人們錢包裡的卡越來越多，信用卡佔據著錢包的主要陣地，從不肯輕易撤退。刷卡雖然很方便，也很瀟灑，但是過後的帳單卻總是讓人吃不消。並且刷卡看不見現金，總感覺沒花費多少，其實早已經超過預算了。為了控制開銷，儘量減少刷卡消費，實行現金購買制。

家庭財政管理要統一，統一收入、統一支出、統一存放，這樣方便管理，知道所有的錢款的來源和支出方向。財政管理者可以每月給另一方一定的零用周轉金，做好財政報表，將財政管理進行到底。

有時，也要結合家庭實際情況，該「省」則「省」，嚴格控制家庭固定資產增長，拒絕非必要的更新，杜絕非必要的消費。對一些不常用、不必用的設備，比如手機、手提電腦等，不能喜新厭舊，現有的能夠使用就不再購置新的，避免造成資產閒置。當商場打折的時候，要保持頭腦清醒（尤其是女士們），不能因打折或促銷就盲目大量採購，造成衣服和食物的嚴重積壓浪費。

要結合家庭的實際收支情況，確定財務目標。借助理財專家進行家庭財富規劃，合理配置資產。選擇責任心強、專業能力強的「貼身」理財專家，規劃一份家庭財務計畫。

如果能做到這些，財務部長的職務也就能夠做好了。不過財務部長可要一心為公司，貪汙之類的事情可千萬別做，這不僅會影響婚姻有限公司的財政收入，還會影響與合夥人之間的感情，得不償失啊！

員工在「公司」內戒懶

有人崇尚慵懶的生活，週休假日可以坐在家裡的電視前懶一下午，做一個典型的沙發馬鈴薯。懶歸懶，可是各位員工，千萬別在婚姻有限公司內犯懶，別對自己的另一半犯懶，別對愛情犯懶。

在一個朋友聚會上，朋友們在一起訴說著自己的婚姻，席間上了一盤大蝦，一個女人感嘆地說：「十年前，我和老公談戀愛的時候，他總是給我剝蝦殼，而現在，他連給我夾菜的熱情都沒有了！」另一個女人聽了說道：「是啊，原來我給男朋友洗衣服總是洗兩遍，直到非常乾淨，然後還要熨燙一遍，現在我已經懶得這樣做了。」說到道理，幾乎所有的人都明白，情人有時就像是一根未磨好的鐵棒，你要有勇氣，用心慢慢磨到你想要的粗細。可是磨久了，會生出懶惰來。我們總是認為是感情淡了，人才會變得懶惰，其實，我們是先被懶惰征服後，感情才變淡的，愛情不是慢慢地變淡了，而是我們都變懶了。

老員工進入公司時間久了，沒有了新鮮感，就多了疲倦感。工作倦怠症是最易犯的「職場通病」，婚姻有限公司中的兩位老員工也不能倖免。但是在婚姻中，犯懶是大忌。每個人都懶得做這個，懶得做那個，那麼婚姻生活也就只剩下枯燥無味了。時間久了，婚姻就像一面原本明亮的鏡子上沾滿了灰塵，不及時擦拭只會讓灰塵越積越厚，等到想用鏡子的時候，它已經面目全非了！說起犯懶的原因，每個人都能說出一堆：「都老夫老妻了，還化妝幹什麼！」、「日子長著呢！以後再做也不遲。」、「上班太累了，誰有時間製造驚喜！」其實呢，這些原因根本就不是理由，只是婚姻中的人們不懂得珍惜現在的幸福，等懶惰排擠走幸福才會追悔莫及。現代社會越來越多的人只想談一輩子戀愛，卻都不急於結婚，可能就是因為周圍的人一走入婚姻後就紛紛變懶了吧！如果你知道鏡子需要時時擦拭才能保持明亮如新，那麼婚姻不也是如此嗎？要人們勤於保養才能永遠保鮮。所以請記住，有活力的愛情是需要適度殷勤來灌溉的。婚姻有限公司的員工，更是得戒懶。

想要員工提高積極性，就要分析積極性動力的來源是哪裡。其實積極性多半來自兩個方面，一是想獲得對方的肯定，二是為了感覺到生活的樂趣。那麼就要針對這兩個動力來源來採取行動，提高老員工的工作積極性。可以從下面幾個具體措施入手：

戒懶條款一：讓溝通隨時隨地進行。溝通對夫妻來說，是最需要勤快的地方，不能因為偷懶而很長時間不講話，只用眼神交流是沒有用處的。要選合適的時機，夫妻多交流，比方一邊做飯，一邊說話，也可以把談話放在散步時進行，或者任何可以交談的機會。

戒懶條款二：不能忽略紀念日。一般而言，總是男人偷懶忽略紀念日，妻子自然非常生氣，這一點男人自然要注意改正，而妻子也要勤快一些，不要總是等著驚喜到來，讓他知道重要日子的重要性，提前幾天提醒，就可以甜蜜地一起度過紀念日了。

戒懶條款三：積極參加家中活動。許多人婚前總是積極安排兩人的活動，婚後卻對家中的一些活動都表現得漫不經心，週末要出去玩，他便會心不在焉地說：「去哪由你決定，我奉陪就行了。」讓你的另一半動起來的方法，是讓他成為計畫的一部分，讓他啟動腦筋，即便是找一個新地方吃飯或度週末這樣的小事也可以。

幸福容不得我們半點偷懶，否則會全盤皆輸。以上就是婚姻有限公司的戒懶條款，可能還不太全面，不過只要你認真貫徹執行，並且不斷根據自己的公司內部情況進行調整，你就可以享受美妙的愛情生活。

第四章・仔細清點「公司」員工

婚姻有限公司除了股東、董事長、總經理之外，還有這些員工：愛、溝通、傾聽、幽默、浪漫、溫馨、「性福」等。你可要仔細清點這些員工，讓他們發揮最大的價值為公司發展做貢獻。

愛是「公司」的經營理念

經營理念是公司發展一貫堅持的一種核心思想，是公司員工堅守的基本信條，也是公司制訂發展目標及實現目標的前提條件和基本依據。一個公司不必追求「宏偉」的理念，而應建立一個切合自身實際的，並能貫徹滲透下去的理念體系。那麼婚姻有限公司的經營理念是什麼呢？婚姻有限公司經營的是感情，愛就是其主要的經營理念。

愛是保證公司正常運轉的一種精神食糧，是公司迅速、健康發展的基礎。如果沒有愛，婚姻有限公司會失去存在的理由。

愛一個人的時候肯定會想著與他終身廝守，而與一個自己不愛的人朝夕相處，是莫大的痛苦。如果兩個人不相愛而結合在一起，就是一個悲劇。沒有愛情基礎的婚姻早晚都是失敗的婚姻，可以說是不幸福的。

有人說愛情和婚姻是可以分開的，太多的人不是因為愛而結合在一起。雖然有些事實上是如此，但並不能證明它有道理。愛情是建立在男女平等自願、相互瞭解、感情密切交往的基礎之上。而婚姻又是建立在愛情基礎之上的，沒有真正愛情基礎，成功美滿幸福的婚姻從何談起？只要這世上還有一對真正相愛的白頭偕老的夫妻，就足以證明愛情與婚姻是不可以分開的。

世界上有卑微的男女，卻沒有卑微的愛。只要有愛，婚姻裡就充滿了感動，充滿了幸福。他是一個普通的男人，卻幸運地迎娶了漂亮的她，他的薪水不高，僅夠生活而已，不過只要妻子想要什麼，他都會盡力滿足她的要求，什麼事情都順著妻子的意思辦，但妻子卻認為丈夫缺乏男人氣概，對此很不滿。一次，他發了獎金，於是去飯店慶祝，妻子讓丈夫點菜，丈夫說：「妳點吧，妳點的菜我都愛吃。」妻子忍不住嘟嚷了起來：「你就沒一點自己的主見！這麼窩囊哪像個男人！」丈夫愣住了，嘆了口氣：「我只是一個普通人，不能給妳寬敞的住屋和漂亮汽車，我只想在自己『能』的範圍內，給妳妳要的。」妻子聽了，默默地低下了頭。

有愛圍繞身邊，哪怕吃饅頭、吃鹹菜都是幸福的，因為和你的情人一起吃苦，證明你們的愛情能夠經得起考驗。工作再晚、再辛苦，回到家中有一個人做了一桌你想吃的飯菜在家等你，這時的愛就是相互體貼。不要懼怕苦難，幸福只有當人們在受苦時才會深切感受到。只有酸、甜、苦、辣都嚐遍的人，一生才算過得完整無缺。

有愛圍繞身邊，哪怕是出差再久也是幸福的，因為有一個人正盼著你早點安全回家。分別時間可能很長，但是相思也是一種美麗。

有愛圍繞身邊，哪怕是在外受了委屈都是幸福的，因為有一個肩膀可以讓你依靠；風吹雨打也不怕，因為有一個人可以為你撐一把傘，可以用溫暖的胸膛為你暖身。

有人曾說過，婚姻是愛情的墳墓，但是沒有婚姻，愛情將死無葬身之地。婚姻，是愛情的一種歸宿，也是愛情的一種延續。能使男女兩人終身廝守著，也許有成千上萬的原因，但其中肯定有愛。儘管那愛像鹽稀釋在大海裡無從尋覓，可是每一朵浪花都帶了點愛的滋味。如果讓你說出愛他（她）的九百九十九個理由，也許你說不出來，其實，人與人的相愛哪有那麼多理由，而最大的一個理由則只有一個，那就是：我愛你，深深地愛著你！

信任是「公司」正常運轉的首要條件

「一對彼此信任的夫婦能經得起一切災難的襲擊。當他們過著窮困日子的時候，他們也比一對佔有全世界財富的離心離德的夫妻幸福得多。」法國著名哲學家盧梭在《愛彌兒》中如是說。

由此可見，信任是婚姻有限公司正常運轉的首要條件。無論是老闆還是員工，相互信任是合作的基礎。而婚姻有限公司的成立，首先是建立在信任的基礎上，總得信任對方能夠給自己帶來一生的幸福，這才自願地走進婚姻的圍城。夫妻之間的信任看不見、摸不著，但是透過一些小事即可表現出來。

芳芳與老公出門逛街，過馬路的時候，老公自然而然地牽著她的手。芳芳靈機一動，便對老公說：「我累了，我要休息一下，我閉眼睛了，你要帶著我走！」她老公點頭說好。本以為是件很簡單的事情，當芳芳真正閉上眼睛開始憑感覺跟著老公一起走的時候才知道，這需要勇氣、需要信任！她要依賴他的指引才能平安地走在這條陌生的馬路上！開始的時候很緊張，怕踩到石頭扭傷腳，怕地面高低不平摔倒，怕撞上什麼東西。後來，慢慢地芳芳找到了感覺，她覺得有最疼愛她的老公的指引，她沒有了那麼多疑慮，心中對老公的信任感油然而生！

其實這個小遊戲同樣適用於你與你的情人，如果你們明天出去逛街的時候，找一個機會，閉上你的眼睛，把自己交給他，讓他帶你前行！在婚姻關係中，我們首先得信任我們的配偶是忠誠的、愛自己的、珍惜彼此的關係的。信任，可以讓你永遠保持清醒的頭腦，免受外來因素的干擾與侵襲，同時也充分地保障著婚姻的穩固堅實。

相互信任是家庭穩定的基礎。必須相信自己的魅力，也要相信對方。相信自己就意謂著要有勇氣接受生活，經歷生活中的風風雨雨。已婚的人比過去更需要廣泛的社交，和朋友在一起吃飯、聊天、逛街，是很愉快的事情，會使情緒得到比較好的調劑；另一方面，在與朋友交往中大家會更注重自己的形象，更注重自己的修養，使自己能夠感受年輕。做為夫妻應該有自信，相信自己、相信對方，要能夠包容，只有這樣才能讓自己的生活變得更加充滿浪漫情趣。

曾聽到這樣一個故事，有個女賊入室偷竊，正要得手，女主人外出歸來，女賊來不及逃走，乾脆大大方方地坐在客廳沙發上，來了個反客為主，質問女主人：「妳是誰？」在女主人驚愕之時，她又蕩笑著追問道：「哈，我知道了，妳是他的另一個相好的吧？」女主人一聽，馬上氣昏頭，拿起東西就追打女賊，趕她走。女賊輕鬆逃脫後，打電話回來奚落女主人說：「我用這招已多次得手了，怪事呀，世上竟然有這麼多傻女人不相信自己的丈夫！」女主人恍然大悟，繼而羞愧不已。是啊，丈夫平日也只是在外應酬多點而已，也沒做什麼出格的事啊，自己為什麼就在關鍵時刻不信任丈夫呢？這就是夫妻之間缺少信任鬧出的笑話。

婚姻裡，信任是一根牽心的線，但是運用不好就會變成了捆綁的繩索，時間久了就不只鬧笑話那麼簡單了。他與她是面臨離婚的夫婦，追究其離婚原因，就是因為他覺得，他的女人必須在他規定的範圍內活動。他會每天盤查妻子的手機、背包乃至頭髮，每天追問行蹤更是必不可少，他還要求晚上下班後馬上回家報到。信任無法在他的心裡紮根，他不信任任何人，包括他的妻子。婚姻像一根緊繃的弦，早晚得斷。終於，妻子覺得太累了，選擇了分手。

美滿的婚姻，應該是建立在彼此信任的基礎之上。一旦得到對方的信任，就會加倍自重自愛，自覺地把對方的信任當成約束。要是喪失了彼此間的信任感，懷疑、猜測就成了生活的全部，那幸福肯定離他們遠去。一個家庭如果沒有了信任，就好像沒有了樓房的骨架，將面臨著坍塌。

如果公司中的員工不再相互信任，他們就會辦事拖延，拒絕互相之間的溝通協調，缺勤增加，不願加班，準備離職退出，把建立對外關係看得比公司利益更重，拒絕接受有挑戰的工作，只看中、短期的現金回報。相信在很多婚姻有限公司中也能看到類似的場景。該如何提高公司的信任度？改善婚姻有限公司內的信任度的主要責任在於「領導者」，這個「領導者」可以是你，也可以是他（她），只要是願意為公司付出的就可以。身為領導者，要相信員工是值得信任的，一般情況下，在信任的氛圍裡，員工不會辜負管理者的期望，願意付出更大的努力。要獲得員工的信任需要花費相當大的時間和精力，但是值得，因為員工和上司的彼此信任才能使公司「業績」蒸蒸日上。

多溝通，「公司」才有發展

溝通對公司來說有重要的意義，現在管理學上有一種說法，管理就是溝通，任何問題都可以透過溝通解決或改善。透過溝通，可以促進各部門之間、上級和下級之間、員工之間的相互瞭解，只有充分的瞭解才能實現相互的理解，只有深刻的理解才能實現良好的協作。如果公司內部上下級之間、同事之間缺乏溝通，產生矛盾，並且長期得不到解決，那絕對會影響公司的運轉乃至發展。社交藝術中，有一則經驗為：沉默是金。而在婚姻有限公司內，特別是兩個合夥人之間，如果也「不苟言笑」，或感到「無話可說」，那麼就得提高警覺：公共關係是不是出現了危機。如果你的婚姻有限公司出現沉默的狀態，你要睜大眼睛，看看「溝通」這名員工是不是在偷懶啊？如果是，那就趕快催促這名員工歸位工作，才能讓公司高速發展。

有一對夫妻因為不善溝通，做了很蠢的事情。他們同時在報紙上看到一則拍賣廣告，都對其中的一件藝術品很滿意。不過這對夫妻平時總是少言寡語，從來不做什麼交流，所以他們都決心買這件藝術品，但都沒有告訴對方。拍賣的日子到了，夫妻倆一前一後進去了拍賣場，當這件藝術品開始拍賣後，男人發現，似乎有另一個人對這件藝術品也很感興趣，頻頻舉手加價。男人不服，便一鼓作氣，不斷叫價，最後以極高的價格買下了這件藝術品。雖然藝術無價，但是男人還是很心痛，更令他心痛的是，走出拍賣場的時候碰到了他的妻子，才知道原來那個頻頻加價的人就是她！夫妻後悔不已，方才醒悟夫妻間溝通的重要性。

許多調查指出，幸福的夫婦和不幸的夫婦在夫妻溝通方面存在的區別是顯而易見的。一般而言，不幸的婚姻內都缺乏溝通。如果及時溝通了，許多矛盾也就不會產生，許多傷心也就避免了。夫妻都以為兩個人彼此很瞭解，許多事情不用說太多就能明白，但其實對方往往都是一知半解、只能猜測，最終引起不必要的誤會和不愉快。夫妻因為缺乏溝通而發生誤會，如果丈夫認為妻子應該理所當然地理解他，孰不知妻子並不是他肚裡的蛔蟲，有些話你不說出來，誰能理解你呢？語言的溝通很重要，有人會說，同在一個屋簷下生活，兩口子沒有不說話的，說話本身就是交流、溝通。平時兩個人聊的話題天南地北，可大可小，但是最重要的是，兩人談話時，儘量避免責備對方，不要把自己的觀點強加於對方。語言溝通與

行為也要一致。如果妻子說她特別關心她的丈夫，那麼就應該在行動中真正理解丈夫的情感和需求，並給予必要的關注。

除了語言溝通之外，身體語言的溝通也要同時進行。人的一舉一動，都包含著溝通的資訊，並且有著語言溝通難以代替的意義。夫妻之間只要能體會到相互之間的身體語言資訊，良好的溝通就做了一半了。如果在丈夫看球賽的時候，妻子能夠也興致勃勃地參與進來，說明妻子愛丈夫已經到愛屋及烏的地步了，丈夫為了表達感謝，也應該向妻子說明比賽規則、自己最喜歡的球星，表示自己非常開心。雖然這一溝通只在瞬間完成，但卻寓意深長。夫妻之間多撫摸、碰觸、擁抱，一起去散步、喝茶等等，也同樣可以起到溝通的作用。

如果你覺得這些平時的溝通還不夠的話，可以選一個固定時間來進行溝通，夫妻兩人坐下好好談談心，將自己這些日子以來的煩惱、憂慮、感受等通通說出來，以便對方知道你心裡在想什麼。同時也要傾聽對方的傾訴，多體諒對方，相信每次談完之後兩個人的感情都會更進一步。

然而，還要明白，並不是溝通多就一定會好，溝通需講究表達的策略與方式，因為我們的語言可能會造成理解上的偏離。不要提高嗓音，不用諷刺的腔調，更不要拉長了臉，用手指責對方。如果能改變一些字眼，就能令你所表達的意思有很大的不同。關鍵在於調節你的情緒不要帶著火氣和抱怨。

不要說：「你簡直令我快瘋了。」而要說：「你那樣做，我真的很難受。」

不要說：「這事你一直就沒做對過。」而要說：「你是做了很多努力，但用這種方式是不是太費勁了。」

不要說：「你怎麼能那樣對我？」而要說：「這傷害了我的感情。什麼原因你會那樣做？」

任何一個人都不是十全十美的，多去肯定對方的長處，多一些讚揚和肯定的話，也是夫妻良好溝通的有效方式。多說一些話語和做一些動作讓對方覺得你在他的心中真的很重要，夫妻之間的相互讚美要多於責怪與批評，這才有利於夫妻關係健康的發展。

在對方需要關心和傾聽的時候，坐下來靜靜地聽對方訴說，並且給予對方積極正面的回應，不要一味地批評和指責。因為批評與指責是絲毫沒有用處的，當對方向你傾訴煩惱的時候，不是希望聽你分析他（她）哪裡做得不好，而是希望得到你的鼓勵與關心。你可以擁抱對方，輕輕地說道：「沒關係，還有我呢！」那麼就算他（她）面臨了再多、再大的困難，也會很幸福。

最後一點需要強調的，夫妻間的溝通與交流需要堅持、長久和習慣化，這樣才能讓婚姻有限公司得到長足的發展，合夥人之間的合作愉快且長久。

默契是「公司」累積的寶貴經驗

婚姻有限公司經營時間久了，兩個合夥人積攢了寶貴的經驗——默契。默契是一種高品質的合作狀態，要建立默契就要從磨合開始。

當一對夫妻，從最初的比較自我的生活之中走到了一起，然後便柴米油鹽生活了下來。這期間有一段「磨合期」，包括了他們對事物的看法，對人生觀、價值觀等等主觀意念尋求的某種統一，當他們彼此達到一種默契後，才奠定了婚姻的基礎，於是就能白頭到老，度過幸福的一生。

有一天，小雪回家裡拿東西，電話響了。她慌忙推開鍵盤去接電話，可是她還未拿起聽筒，鈴聲不響了。她轉身剛坐下，電話又響了，趕忙又去接聽，還是沒拿到聽筒，就又掛斷了。存心捉弄我是不是？小雪看著電話生氣，說道：「這是誰？這麼無聊！」這時，媽媽從別的房間笑吟吟地走了過來，說：「妳可千萬別罵人，這是妳爸爸打來的電話。」就在這時，電話鈴又響了，媽媽立即說：「妳去忙吧！讓我來接。」她心裡納悶：爸爸出差去了，媽媽一直在家，相隔如此遠，她怎麼這麼肯定是爸爸打來的電話呢？等他們說完電話，她忍不住問媽媽：「媽，你們事先約好通話的？」她笑笑說：「不，聽鈴聲就知道是妳爸打來的。只有妳爸打電話才先響一下，停一會兒；再響一下，再停一會兒……他知

道我膝關節痛，每次都給我充裕的時間，從容地走過來接聽。妳瞧，我在別的房間聽到鈴聲，慢慢地走上來，時間還綽綽有餘哩。哪像你們打電話，一個勁地死響催人，不跑就接不到。」聽了母親的話，小雪的臉刷地紅了。原來老爸老媽的默契包含著濃濃的愛意，蕩漾著幸福的波紋！

愛情拉近男女的距離，讓彼此形影不離，親密相處，時間久了就會有一種默契。默契是只需要一個眼神、一個手勢，便可以知道對方的心思，並有所共鳴。在婚姻中培養默契，便是要在彼此的生活中，找到一個支點，兩個人在生活槓桿的兩端可以達到一種平衡。於是你不得不收起單身生活的稜角，讓生活這把銼刀慢慢地磨平曾經的尖銳。

默契也不是一朝一夕所能擁有的。如何走上互相默契之路呢？別對你的另一半有所隱瞞，開誠布公，向對方坦露你的弱項。當你展現你最真實的一面時，你是最放鬆的，這時候雙方的默契度也就越高。適時開個玩笑，先拿自己開刀，自嘲一下會讓對方更加欣賞你。

關於性愛方面也是培養默契的好時機。往往是一個眼神，一個微笑，或是一句「暗語」，別人都不能瞭解其中的深刻含義，但卻能讓兩個人心領神會，達到高度的默契。

婚姻生活有美妙的一面，也有瑣碎的一面，柴米油鹽、雞毛蒜皮，大大的妨礙了默契感的培養。這時別迴避它，也別灰心，只要你把心態放鄭，一樣可以體驗瑣碎背後的微妙樂趣。也可以適時製造一些小浪漫，多一些驚喜，敞開心扉，增加默契感。

有人說，愛其實就是兩性之間一種默契。愛可以包容對方的一切缺點與不足，醜陋與卑微，愛可以讓雙方都願意為此付出自己的全部。愛是一種無怨無悔的情感，你甘願付出，並不覺得委屈，就好像生活在槓桿當中，一頭上翹，另一頭必須下沉。這便是默契，愛的默契。

寬容讓員工和諧相處

婚姻有限公司是個難以捉摸的組織機構，它既牢固又脆弱，建設好很難，也容易遭到破壞，有時候它牢不可破，有時候它不堪一擊。兩個合夥人，加上公司的各個員工，雖然都有一定的瞭解和認識，但因為各方面的習慣和認知不同，出現一些分歧和磨擦是自然的，需要雙方的接納和容忍才能互相適應。這時候，就需要寬容這個公司的重要員工來發揮它的作用了。

不要試圖凌駕於你的親人之上，包括你的子女，就算在你的高壓之下，子女們屈於你的威嚴而不哼一聲，但他（她）只會怕你，而不會服你的。長此以往，日後你漸漸老了，很可能你的子女會以同樣的方式去對你。

彼此相愛的人常常把對方美化，對方的一些小缺點甚至是交往中的笑料，但只要步入了婚姻，因為雙方來自不同的家庭，有著不同的背景和不同的生活習慣，戀愛時被縮小的缺點，此時會恢復到原來的本色，甚至會放大。你會痛苦地發現，從刷牙、洗臉到吃飯、穿衣，他無不與你格格不入，而他或她性格上的缺陷也給你帶來從未想到的麻煩。她很靦腆，不愛和人交往，而你自己的家人都性格開朗，她總是和家人相處不來；他是個慢性子，信奉三思而後行，而你總是說做就做，雷厲風行；她喜歡看浪漫電影，而他每次都看到睡著了；他喜歡和朋友喝酒，而她聞到酒味就頭暈……於是什麼愛恨，什麼是非，什麼對錯，都一股腦兒地湧上心頭。各自都在懷疑婚姻是否幸福，當初的選擇是否正確？

其實，很多婚姻並不是出現了不可癒合的傷

口，而是一點點無關緊要的外傷而已，如果我們表現得大度一點、寬容一點，所有這些婚姻中的「小兒科」瑕疵都可以大化小，小化無，都可以恢復到戀愛時的兩情相悅。俗話說得好，人非聖賢，誰能無過？只要我們相愛，還有什麼不可以原諒的呢？還有什麼不可以寬容的呢？有一種愛叫忍讓，以愛的方式善待對方的迷失，用包容的胸懷寬恕你的情人，給他一個悔悟的機會，留一個自省的空間，於平淡中演繹，在無聲無息中融洽今天的缺憾。真正相愛的人最懂得寬容。如果說愛是建構婚姻大廈的基石，那麼寬容就是婚姻大廈的黏合劑，它能使婚姻更牢固、更長久。

妳買一雙鞋的時候可能非常看重它的鞋面上鑲有珠寶，但後來發現它有缺陷——鞋跟又細又高。那麼當妳在享受它華麗的鑽石裝飾的時候，也要容忍它細高跟的缺陷。我們常說結婚前要像孫悟空一樣火眼金睛看清對方，結婚後要學會睜一隻眼閉一隻眼難得糊塗。同樣的錯誤，在工作場合發生，你可以糾正批評你的下屬，但如果發生在伴侶身上，你只能裝作看不見，這就是寬容心。寬容心給予我們正視和接受婚姻缺陷的勇氣。

寬容是最好的相處之道。當然了，寬容不是一味地放縱包庇。寬容是婚姻中的融合劑，但寬容使用過量就成了縱容，它像慢性毒藥一樣，逐漸把甜蜜的婚姻變成痛苦的牢籠。如果說寬容像婚姻生活中的糖，那麼批評與改正像婚姻生活中的鹽，只有適量的糖和鹽，婚姻生活才會有滋有味。

尊重是「公司」必守規則

尊重是人和人之間相處的第一條重要規則，在婚姻有限公司裡也是如此。員工之間朝夕相對，日夜相守，彼此流露出的是無法掩飾的最天然的個性，為此更需要有發自內心的對伴侶的起碼的敬重做為支撐。

有個朋友面臨著離婚的危險，她跑來對我傾訴。原來罪魁是一把鏽跡斑斑的小手槍，那天她正在家裡大掃除，清理丈夫的抽屜時發現的。她看到這把小手槍已經不能再玩了，就是給他們未來的孩子玩也不夠資格，於是毫不猶豫地把它扔掉了。丈夫回來後，她還把這件事當成笑話說給他聽，沒想到丈夫的反應很強烈，一向好脾氣的他爆發了起來。原來那把小手槍是丈夫的媽媽買給他的，是他整個童年的回憶和自豪，如今他的媽媽已經不在了，所以他才會把這麼不起眼的一個小手槍珍藏起來。因為這件事，丈夫覺得妻子一點都不尊重他，所以堅決要離婚。的確，這件事情雖小，卻反映了很多女人的想法，她們以為夫婦在一起生活，所有的東西都是彼此的，什麼都可以代為解決，結果卻往往跨越了對方的底線。幸好有心的女友最終找到了那把被丟棄的小手槍，而她的丈夫也原諒了她。經過這件事情，他們也意識到了夫妻之間尊重的重要性，皆大歡喜。

「尊重」是一種高尚的情感，它是一個人心理健康的體現，是夫妻之間獲得幸福的前提，而不是夫妻相互比較誰更愛誰的一個指標。夫妻之間最重要的是人格的尊重。不論社會地位、職業類別、文化程度、經濟收入等有何差異，都應該平等相待，互相尊重對方的人格和尊嚴。尊重對方，也就是把對方看成獨立的一個人，也就是增加一點兩人的距離，這樣才會更吸引兩人彼此靠近。這就像兩個磁鐵，保持適當的距離會使它們的相互吸引力更強。

尤其是作為女性要清楚知道自己是誰，知道自己生命中想要些什麼，要尊重自己，別嘗試扮演別人或套住別人。男人只會對真正的妳感興趣，他們也只會被那些重視自己而又有感情的女性所吸引。偽裝的女人只會嚇走男人，千萬別揣度一個男人需要些什麼，這是不誠實的，而最終會被他揭破。事實上，經常要扭曲自己來迎合他人也不是那麼舒服。

不過有人會擔心，夫妻之間都相互尊重，是不是弄得家庭太嚴肅了？要知道，人們常言的相敬如賓就是指夫妻生活中嚴肅的一面，雖然這裡面充分體現了一個相互尊重，平等相待，但夫妻生活更需要活潑開朗的一面。試想一想，如果一對夫妻整天都那樣相敬如賓、整天都小心翼翼、整天一本正經的話，還有什麼夫妻情趣可言。可以說，在夫妻關係中，既有融合點，又有分界線，既有獨立自主的一面，又有相互依存的一面。夫妻之間，誰也不是誰的私有財產，誰也沒有權利讓對方完全服從自己，因為每個人都會有獨特的個性，每個人都有自己的活動空間，每個人都有自己的美好夢想，即使再深愛的夫妻也不可能真

正完全走進對方的靈魂深處。所以說，這種關係最不好把握。如果嚴肅過度，就沒有夫妻如膠似漆的親暱之舉；如果關心過度，則會適得其反。夫妻之間有時候是親密無間的，有時候也還是需要相互尊重的，這些都是在正常夫妻關係中可以感受到的。

想要保持幸福的婚姻，首要一點就是尊重對方，給對方一個活動空間，讓對方可以自由自在地呼吸和思維。敬人者，人恆敬之。已婚的夫妻要記住相愛要建立在互相尊重和相互關心上，感情的橋梁就不會斷，日子過得就會甜甜蜜蜜，白頭到老。

浪漫能活躍「公司」氣氛

「我能想到最浪漫的事，就是和你一起慢慢變老，一路上收藏點點滴滴的歡笑，留到以後坐著搖椅慢慢聊……」這一首《最浪漫的事》曾打動了無數人的心，在婚姻有限公司裡，同樣需要浪漫，如果讓它好好效力於公司，會讓公司增加雙倍效益。

有人說，婚姻感情是有期限的，激情一般只持續幾年時間，過不了三年五載，婚姻開始褪去美麗的外衣，露出真實、平淡的一面。人們常把這種狀況形容為：牽著愛人的手，就像左手摸右手，再沒有「觸電」的感覺。許多人從記憶中搜索許久才說出一兩件可以稱得上浪漫的事，平日裡的柴米油鹽代替了風花雪月，日子越來越平淡了。其實，婚姻需要經營，需要浪漫，用點心思，給婚姻生活不時製造一些驚喜，平淡的日子也將生動多彩。

強與妻子自從有了孩子後，他們的生活似乎被奶瓶、尿布、小孩的哭聲所侵佔了，望著圍著孩子團團轉的妻子，他甚至覺得孩子「奪走」了兩人的愛情。等小寶貝長到兩歲沒那麼纏人的時候，強開始制訂重修浪漫的計畫。他想到了旅遊，即使是月薪很少的情況下，他也帶著妻子去海邊玩了一次。手牽手漫步在細軟的沙灘上，吹著海風，享受著桔紅的夕陽，恍然好像回到了過去戀愛的時光。強還為妻子買了一串貝殼項鍊，親自為她戴上，妻子害羞地低下了頭，這組畫面成為了他們心中共同美好的回憶。

以後每逢結婚紀念日、情人節、兩人的生日等特別的日子，無論有多忙，夫妻倆都會頗花心思地慶祝一番。或開一瓶紅酒，或點上幾支蠟燭，連小寶貝都跟著他們一起歡笑。妻子因為強喜歡收集郵票，也就愛屋及烏，經常去集郵市場逛逛，去尋找先生珍愛的郵票，一個人的喜悅由此變成了雙份。結婚二十年來，強與妻子每年都會去拍一組照片，記錄時光的變化，那是一起慢慢變老、彼此疼惜的浪漫。

商家為了保持消費者對其產品的忠誠度，不斷推陳出新，給人驚喜，婚姻裡的愛情又何嘗不是如此。新鮮感和驚奇感就好比突如其來的一份禮物，能叫情人備感浪漫和溫馨。

中國家庭普遍缺少浪漫，大概因為中國人羞於表達自己的情感，也吝嗇於花心思過浪漫生活。很多人一天到晚都是在公司忙工作、回到家裡忙家事，問他為什麼不願意晚上出去

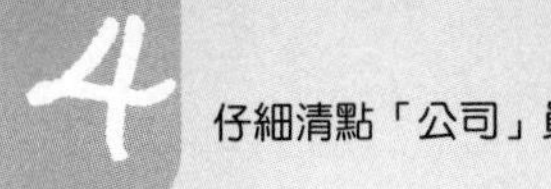

散散步？他會回答說「我很累」或者是「沒時間」，這些都不是拒絕浪漫的理由。的確，現代社會節奏加快，每個人都超負荷工作，但是就因為這樣而不再尋求浪漫是很狹隘的。能否浪漫的關鍵在於是否擁有浪漫情懷，而且只要有心，沒時間、沒錢也可以浪漫，浪漫的形式豐富多彩，不是非要鮮花、禮物、燭光晚餐不可。浪漫可以隨機進行，連夫妻生氣，和解的形式都可以浪漫地進行。

虹虹是個活潑的女孩子，性格外向，能說又會說，經常沒理的事情也能說成有理。她與她的老公結婚後，當然總是「欺負」老公，偏巧她老公是個不善言辭的人，這對夫妻之間有趣的故事就多了。

這天夫婦倆本是一起去參加朋友聚會的，可是走到半路虹虹又不講理地喝斥起老公來，老公平時都是言聽計從的，可是這次不知怎麼，竟發了牛脾氣，一轉頭回家了。第一次把妻子丟在馬路上，虹虹氣得快要哭了，自己去了朋友家，賭氣晚上十點才回家。

她到了家，見房裡燈都關了，心想老公是睡著了。掏鑰匙開門時，發現門上貼著紙條，上面寫著：「妳必須向我道歉！」虹虹憤憤地想，誰向誰道歉還說不定呢！進屋後開燈關門，發現門後又貼著一紙條，上寫：「或者把我的衣服洗了也行。」虹虹冷笑一聲，根本不理這張字條。換鞋時發現，她的拖鞋上又有一張紙條，上寫：「其實也沒衣服可洗，我已經把咱倆的髒衣服都洗過了！」虹虹感到好笑，老公在搞什麼把戲！她去刷牙，漱口杯上又有一張紙條，上寫：「如果妳不知道該怎樣向我道歉的話，書桌上有提示。」虹虹急忙跑到書桌旁，只見桌上放著半頁紙，正面寫著：「把背面的話對我大聲唸兩遍就行了。」翻到背面，見上面貼著一張報紙上撕下來的廣告，廣告詞是這樣寫的：「做女人，每個月都有幾天心煩的日子。」妻子又想笑，他以為是我月事來了，心煩才對他發脾氣的。轉念又一想，老公幾乎對她瞭若指掌，對她進門來的每個步驟都清清楚楚，原來他這麼瞭解我。頓時，虹虹的氣消了一半。

洗完澡後，虹虹上床，見老公轉頭在一邊睡著了，也就沒有叫他。打開床頭燈想看幾頁書再睡，這是她多年來的習慣，打開書，裡面又有一張紙條，上面寫著：「對不起，親愛的，我該檢討，要不是我發現馬路對面的哥兒們正想看我的笑話，我是不會跟妳作對的。以後不會扔下妳不管了。妳以後也給我留點男人的面子，好嗎？」虹虹心裡一陣發熱，覺得自己是有點過分了，便雙手抱著他的頭，扳過臉來，卻發現老公臉頰上還寫著兩個大字：親我。

對於幸福結婚的兩個人來說，最大的恐懼卻是眼看著那樣一份人間至美、精心呵護的愛情，在婚姻中漸漸蒼白憔悴。偶爾放縱一下，浪漫一次，的確是很重要的調劑，讓兩人的愛情更多滋多味，若婚姻裡出現了一點小問題，碰上兩人吵架的時候，回憶一下這些浪漫的往事就能夠拉近兩個人的心。

人人需要浪漫，不僅是青年需要浪漫，已婚的中青年、老年都需要浪漫。那需要什麼樣的浪漫呢？其實浪漫就是一種深切的關懷，一種細心的呵護，而這種關懷呵護幾乎不需要什麼成本。不管是男人、女人，普天之下，古今中外，老老少少概莫能外！一方高興的時候，需要另一方的鼓舞，哪怕是一個笑容；一方寂寞的時候，需要另一方的關懷，哪怕是一通電話；當一方下班回家感到疲憊時，需要另一方的體貼，哪怕是一個輕輕的擁抱，和諧溫馨，浪漫富有情趣。只要有心，你的婚姻也可以變得浪漫而美好，不妨試著就只是一雙緊握的手，一本兩人共用的漫畫書，一張小小的卡片，一段有輕音樂陪伴的減壓按摩，一次難忘的旅行，那時才知道，尋求浪漫情懷，是可以如此輕而易舉。

性福、親暱促進「公司」發展

性福與親暱是婚姻有限公司裡不可或缺的兩名員工，它們長得很像，卻擔負著不同的職位，起著不同的作用。好好激發兩名員工的工作熱情，它們就能促進公司沿著幸福的軌道一路前行。

性生活是婚姻的重要內容，但絕對不是屬於調劑一類的東西。性生活的和諧，對於維持婚姻結構的穩定，增進雙方進一步感情交流，緩解雙方的矛盾、壓力，提高婚姻品質，都具有非常的意義。

有時候，隨著時間的推移，婚姻雙方對於性生活的態度在悄悄發生著改變，性生活變得乏味了，雙方的激情在逐漸下降，需求逐漸的減低，這在一定程度上導致了婚姻結構的不穩定。我們要首先檢視一下在婚姻性生活中自己做了哪些，是被動的，還是主動的，有沒有正視性生活在婚姻中的重要作用，努力讓自己的性生活變得有情有趣，帶給對方這種新鮮與刺激，因為這既能滿足自己的生理需要，也是對對方的尊重，牢牢地把雙方在性方面固定在

「圍城」裡。

性生活不是一方對另一方的「給予」或一方簡單的「接受」，在性生活中，男女雙方都有責任和義務成為臥室中的主角。一套性感的睡衣，一個深情的凝視，一點富有情調的香水，都可以引發激情，享受性福。夫妻之間，對性而言，應該是開放的，尊重雙方的感覺、需要，也需要不斷的學習。學會多種技巧，增加性生活前的氛圍製造，比如擁抱愛

撫、燈光佈置、語言的交流等，適當的變換一下做愛的地點（室內的、室外的），性生活前或中看一些錄影帶等，這些都能在感官、感覺、視覺上刺激性生活的欲望，換取滿意的效果。在婚姻的性生活中，美麗與英俊並不重要，重要的是學會激發與創造，這是對於愛情的尊重，對於婚姻的忠誠。

性福是單單指夫妻生活美滿和諧嗎？並不是的，性福不單單指夫妻生活，它也蘊含著夫妻之間的親暱感覺，親密無間的美好情感。小路是一名職業白領，經常加班至深夜。有一日又工作到很晚，當她疲勞至極地推開了家門，看到老公已經做好了她愛吃的飯菜。吃過晚飯，小路慵懶地在老公的懷裡撒嬌，老公緊緊地擁著她，一邊用手輕輕撫摸著她的秀髮、臉頰、耳根、脖子，直到她徹底放鬆，酣然入睡。雖然大多數人都以為性高潮是緊張狀態的最佳宣洩口，不過疲勞至極的我們，當面對自己最親愛的人的時候，儘管我們希望對方能夠擁抱自己，但是這種感覺只是傳遞一種需要親暱的感覺，需要被對方關愛的感覺，而不是準備「性福」生活的前戲。

女人在日常生活中，不是時時刻刻都需要帶有明顯「性」意謂的親暱，這樣做會讓她們感到有壓力，總覺得如果不積極回應，會掃你的興致。女人最喜歡的是帶有「疼愛」意謂的擁抱和親吻，希望丈夫把她當小孩一樣寵愛。當一個女人正在家裡忙忙碌碌的時候，丈夫和她擦身而過時，可以伸出手臂把她摟入懷裡，同時說一句：「老婆，妳辛苦了！」或者可以把臉湊過去，在她臉頰上啄一下，說：「我愛妳，老婆！」女人沒有「要回應」的心理壓力，只要單純地享受你的關心和親暱，心裡當然是甜滋滋的！

幽默讓「公司」充滿歡笑

要想讓婚姻有限公司內充滿快樂的笑聲，幽默是不可缺少的。幽默是人際交往中很有效的一個溝通技巧，公司內的員工們都在認真工作，氣氛不免沉悶，這時有人出來幽默一下，調節氣氛，公司內一下輕鬆起來。幽默還能起到化解、緩衝矛盾和糾紛，消除尷尬和隔閡，增加情感的作用，可謂是一箭雙鵰。

許多人把幽默看成油嘴滑舌，認為人際交往應該講求實在，太過追求談話藝術是虛偽的表現，此看法大錯特錯。幽默並不是油嘴滑舌，它是智慧的一種，個性實在的人也可以運用幽默來改善人際關係。有人說：「男人情願承認犯了罪，裝了假牙，戴了假髮，也不願意承認自己缺乏幽默。」無論男人還是女人，想要贏得智慧與快樂的滿分生活，都必須學會幽默。幽默的夫妻具有樂觀的性格，哪怕在生活中遇到不如意的事，也不會缺乏信心；具有廣博的知識，可以將感情的「焊點」連接起來；掌握語言技巧，具有堅實的語言藝術基礎。

夫妻生活中不可能沒有矛盾，有了矛盾怎麼辦？只有設法從積極的方面去處理。有這樣一對夫妻，在爭吵高潮中，妻子說：「天哪！這哪像個家呀！我再也不能在這樣的家裡待下去了！」說完提起自己的皮箱就走。她剛出門，丈夫就在後面喊：「等一會兒，我們一起走！天哪，這樣的家有誰能待下去呢？」丈夫也提上自己的皮箱趕上妻子，並接過她手中的皮箱，不知在哪轉了一圈，回來就像剛度完蜜月一樣。

在處境極其不好的情況下，恰到好處地運用好幽默語言，能轉危為安，化解尷尬。有一對結婚多年的夫妻，有一日，丈夫將一束花送給了一位大學的女同學，以祝賀她的生日，這件事不知怎麼傳到了妻子耳中。於是，妻子跟丈夫吵了起來。丈夫不理，妻子仍吵，懷疑丈夫的愛出了偏差。丈夫越不反駁，妻子越吵個不停，矛盾急劇變化。丈夫終於開口，小聲道：「妳是老虎。」妻子如響雷般大吼：「誰是老虎？」丈夫急中生智：「我是老虎，妳是武松，妳厲害呀！」一句話就把妻子給逗樂了。透過溝通，妻子得知丈夫送花是為昔日同學的生日，消除了疑慮。丈夫向妻子道歉、安慰，並輔以親暱的舉動。兩人和好如初，消除了敵對情緒。你看，馬上就要爆發的一場戰爭就因為一句玩笑話給結束了。

夫妻生活中的對話是很講究的。同樣是一句話，如果說法不一樣，其效果也就相差甚遠。有一對夫妻，妻子晚上睡覺總是嘮叨個沒完沒了，丈夫天天早晨都不能按時起床。一天，妻子對丈夫說：「你應該買個鬧鐘。」丈夫說：「不用買！妳不就是現成的鬧鐘嘛！」幾句幽默的話，就把妻子的缺點暗示出來了。兩人在「和平」中解決了矛盾。

夫妻生活中不僅需要溫柔和不斷激盪的熱情，也需要有充沛的情感和智力來完善、豐富家庭生活。有位丈夫跑回家，氣喘吁吁，且又得意地對妻子說：「我一路跟在公共汽車後面跑回來，這一來我省了十五元。」妻子笑道：「那你為什麼不跟在計程車後面跑？那樣不是可以省九十元嗎？」從這樣的對話開頭，整個夜晚的夫妻生活是在甜蜜中度過的。

幽默能夠解決問題，它比任何說教、訓斥、央求都有效果；幽默能夠改善關係，它不輸於一切親暱、宣誓。婚姻有限公司需要幽默，幽默是一名積極向上的好員工，只要它活躍於工作，總能讓公司內外都充滿快樂的笑聲。

自制是員工守則第一條

在公司工作，員工總要為自己打算。外面的誘惑太多，哪家公司的薪水更高，哪家公司的福利更好，於是難免有些蠢蠢欲動，不過，所有打算跳槽的人都必須想好，跳槽後是不是會有更好的發展，有沒有因為一時的眼前利益而放棄了自己長久以來的努力，要知道，一旦離開，恐怕很難有回頭草可以吃。而婚姻有限公司的員工與外界接觸的時候，同樣遇到各式各樣的誘惑。這時，員工要牢記公司的員工守則第一條——自制。

一個年近不惑的男子，有一份成功的事業，在幸福美滿家庭裡，有一個和他相守十年，相濡以沫，相親相愛的妻子。因為在網路上聊天，他認識了一個叫做寂寞百合的女子。一開始，他並沒有任何的想法，只是簡單的聊天消遣，當寂寞百合大膽要求他嘗試一夜情時，他也堅定地拒絕，說他有家庭，他愛自己的妻子。一天天過去，他和寂寞百合聊得越來越投機，終於有一天，他們見面了，理所當然的發生了關係，而且一發不可收拾。他存著僥倖心理，以為只要瞞著妻子，就能左右逢源。然而，紙包不住火，妻子還是發現丈夫出軌的事實。這樣的打擊讓妻子痛不欲生，無法承受，妻子堅決要求離婚。這時的他慌了，婚姻之外的感情對他而言，只是遊戲，他還深愛自己的妻子，無論如何，他都不願意離婚。為了息事寧人，安撫妻子，他提出，讓妻子也出軌一次，求得平衡。於是，妻子也開始在網路上聊天，認識了一個優秀的男人，他們順理成章的見面，出雙入對。最後的結局是，他與妻子離婚了！因為妻子愛上了情人，情人也真心對待他的妻子，而寂寞百合也早已遠去，他追悔莫及。

故事中的這名男子，難道真的是難以抵擋誘惑嗎？他的自制力真的沒有發揮一點作用嗎？恐怕不是這樣。在網戀剛剛開始的時候，他是理智的，擁有很強的自制力，所以他堅定地拒絕了一夜情的誘惑，但是慢慢地，他的自制力被一點一點瓦解，最終一失足造成千古恨。但是當他被現實無情地擊敗後，又開始懷念原來的生活，才發現失去的才是珍貴的，得不到的是最好的，不過已經沒有人願意再給他一次機會了。這就是失去自制力的下場。多少人以為自己自制力強，都以為靠道德責任保證自己家庭的幸福，可是，當誘惑出現，多少人都忘掉了忠誠、道德和責任。當你忽略忠誠，那麼忠誠必然會離你而去，幸福也就從此遠離。

經得住誘惑的人，得到了安詳；被誘惑了的人，心中苦痛著。每個人都知道什麼是誘惑，但是有人栽了，有人過了，考驗的還是心靈。

曾經有一個學者問賽車手：「你們離懸崖的安全距離有多遠？」一個很得意地說：「我可以離懸崖兩尺停下來！」另一個更驕傲地說：「我可以離懸崖半尺才停下來！」學者意謂深長地說：「最安全的距離是——離懸崖越遠越好！」婚姻何嘗不是這樣，要讓你的婚姻幸福，那麼就要明白，對婚姻有損害的一切誘惑，要自制，並且離得越遠越好。

第二部
經營有方，蒸蒸日上

第五章・讓股東們放心又順心

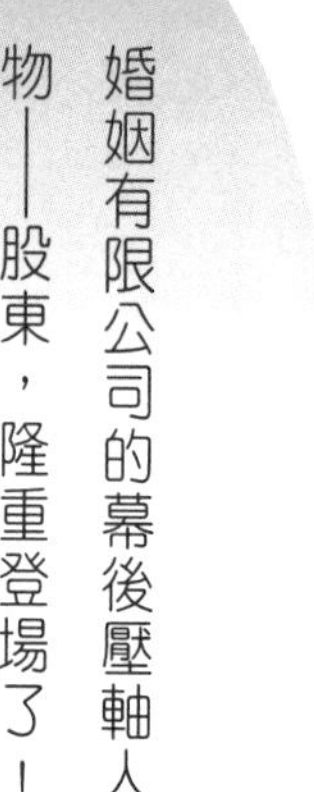

婚姻有限公司的幕後壓軸人物——股東，隆重登場了！一般來說，一共有四位股東，分別是公公、婆婆、岳父、岳母。他們即是支援公司的堅強後盾，也是需要公司好好贍養的遲暮老人。公司需要拿出足夠的精力和耐心，讓股東們放心又順心。

只會付出不求回報的好股東

按正常的有限公司概念講，股東有權按實際出資比例或者章程規定的比例分紅，在公司新增資本時，股東享有優先認購權。但婚姻有限公司的股東與其他公司的股東有著一個本質的區別，就是只會付出不求回報，也許你不相信會有這樣的好股東，但是他們確實存在於我們的生活之中。

先來看一個故事，有一個小男孩，在他很小的時候，經常去一棵大樹下玩。大樹也常對他說：「讓我們一起開心玩吧！」小男孩高興地答應了，爬上樹騎在樹枝上，在樹幹上盪鞦韆，無論怎樣玩耍，大樹都笑瞇瞇地陪著小男孩。

慢慢地，小男孩長大了，不再滿足只是簡單地玩耍，他總是悶悶不樂地在大樹周圍走來走去。大樹對他說：「讓我們一起玩吧！」男孩說：「不，我現在不想簡單地玩了，別人都有玩具，都有零食，我也想要，你能給我嗎？」大樹說：「我沒有玩具，沒有零食，我只有果實，你可以摘去換成錢去買玩具，只要你開心就好。」孩子很高興的把果實摘了下來，換成了玩具和零食。大樹的果實被摘光了，但是它還是很開心。

又是很多年過去了，男孩長大成人了，並且有了自己的家庭。這一天他又來到了大樹下，大樹還是對他說：「讓我們一起玩吧！」男人說：「不，我現在有自己的家了，我需要房子，你能幫我嗎？」大樹說：「我沒有房子，可是你可以把我砍了，做你建房子的材料。」孩子照它說的做了，於是大樹就只剩下了一個樹樁。男人有了房子，有了自己的家庭，就不再經常去找大樹了，而大樹總是在默默地關注著他，期盼著他能夠來看看自己。

就這樣，幾十年過去了，當初的小男孩成了一個老人，這一天他又來到了大樹前，大樹對他說：「我現在什麼也沒有了，我幫不了你了。」老人說：「我現在都不要了，我只想休息一下。你能幫我嗎？」大樹滿含慈愛地說：「快坐下吧！」老人坐在了樹樁上，大樹欣慰地笑了。就這樣，大樹為這個孩子付出了它所有的一切。

這個小男孩就是你、我、他，而這棵大樹就是辛苦養育我們的父母。父母為了我們的一生付出了太多太多的心血，他們不指望子女給予他們什麼厚報，更不會向子女要求什麼，可是我們卻總是後知後覺，不能領會父母的苦心。

如果說父母的全心付出，希望獲得一些回報，那麼子女幸福、子女快樂就是回報，子女對他們的愛就是回報，子女的成就就是回報。其實說了這麼多，父母對你的愛，對你的照顧，真的是讓人無法理解的一種關愛，他們總說是為了讓你將來生活得更好，多麼簡潔而無私的理由啊！父母之愛，純潔無私，永無止境！

對待股東，要知道感恩

身為婚姻有限公司的組成者，面對只求付出不求回報的好股東，我們也要懂得感恩。感恩是一種不可推卸的責任，也是一種需要銘記於心的義務，股東們給予我們生命的意義，哺育我們健康成長，扶持我們成家立業，我們沒有理由不去感恩。

父母為兒女們的付出，已經被視為理所當然的事情，但仔細想來，我們做兒女的有些行為是不是會令那些關心我們、疼愛我們的人心寒呢？真要是這樣，我們那是缺少一種叫做「感恩」的心態。在日本，有一名應屆畢業生去應徵一家大公司，他過五關斬六將，終於闖到了最後一關面試，為此他好好的準備幾天，把面試中可能出現的提問都想到了，於是信心滿滿地去參加了面試。面試他的是公司的總經理，出人意料的是什麼專業問題也沒有問，而是問道：「你替父母洗過澡擦過身嗎？」畢業生很驚奇，不明白為什麼要問這樣一個問題，他老實地回答：「從來沒

有過。」總經理又接著問：「你給父母洗過腳嗎？或者捶過背嗎？」畢業生還是緊張地搖搖頭。總經理笑著說：「我很欣賞你的誠實，但是你落選了。不過別灰心，因為你的誠實我會再給你一次機會。你今天回去為父母洗腳，明天再來面試。」畢業生誠惶誠恐地答應了。

畢業生回到家中，回想著總經理的話，他實在是搞不清楚給父母洗腳與進公司工作有什麼關係。他看著破落的房間，想起母親外出做工還沒有回來，自從父親去世，為了供他上學，母親總是一個人做兩個人的工作，通常很晚才回來。他等著等著睡著了，深夜才被母親回來的腳步聲驚醒了。他拿起臉盆去打來熱水，要給母親洗腳，母親很奇怪，於是畢業生將自己必須替母親洗腳的原委一說，母親很理解，便按兒子的要求坐下，等兒子端來臉盆，把腳伸進臉盆裡。畢業生右手拿著毛巾，左手去握母親的腳，他這才發現，母親的那雙腳已經像木頭一樣僵硬，上面沾滿了灰塵和泥土，有兩根腳趾頭已經凍壞了，變得通紅，遇到熱氣騰騰的水，母親便不由得用手去抓。他握著母親的腳黯然淚下，在讀書時，他心安理得地花著母親如期送來的學費和零用錢，現在他才知道，那些錢是母親的血汗錢。母親也感動得哭了，流著幸福的眼淚。

第二天，畢業生如約去那家公司，對總經理說：「現在我才知道，母親為了我受了很大的苦。無論這份工作我是否能夠得到，我都要謝謝您，如果不是您，我還從來沒有握過母親的腳。我要照顧好母親，再不能讓她受苦了。」總經理點了點頭，說：「你明天到公司上班吧！」

為什麼公司面試要考察這個呢？因為他們知道，一個懂得回報父母、懂得感恩的人，才會是一個勇於承擔責任、珍愛生活、積極進取的人，而這樣的人，才會是一個好員工。同樣的，在婚姻公司中，也要挑選那些懂得回報父母的人做你的合夥人。

可憐天下父母心。無論什麼時候，兒女永遠是父母心頭的掛念。當我們聽到諸如「一個人在外地還適應嗎？」、「爸媽不在身邊，一定要好好照顧自己。」這些噓寒問暖的話語時，往往會心頭一熱，鼻子一酸，有種欲哭的衝動。父母對孩子付出最真摯、最無私的愛，身為子女的我們也要對含辛茹苦的父母常懷感恩之情。一個不懂得如何關愛父母的人，一個不知道何時感恩父母的人，一個不會履行為人子女的責任的人，即便有朝一日真的功成名就了，也很難奢望其愛事業、愛社會。而這無疑是可悲的，也是得不償失的。學會付出，學會回報，學會懷著感恩之心愛你的父母吧！

明白股東的簡單心願

一個婚姻公司需要照顧的股東一般有四位，即合夥人雙方的父母。有的人以為自己多掙點錢孝敬股東就可以了，於是拼命工作，很少去探望股東。他們不知道，股東的心願很簡單，但不是金錢能給予的。哪怕他們有足夠的資金來度過晚年，但是孤苦與寂寞卻還是緊緊纏繞著他們。

齊在他的日記裡寫下了過年時回家的情景：「春節到來，我帶著妻子回到家中，參加一年一次的全家團聚。加上姐姐、姐夫及三個孩子十幾口人，父母家兩房一廳的屋子就顯得有些擁擠，但是也顯得溫馨而熱鬧。母親在幾個房間裡穿梭，臉上始終掛著笑，一會兒給這個添點瓜子，一會兒給那個倒點水，還不時的和孩子們玩樂一會兒，屋子裡笑聲不斷。等幾個孩子屁股挨到了凳子上，母親就連忙拿出準備的大大小小十幾個塑膠袋，問這個吃不吃，那個吃不吃。這是母親年前特意買回的各種糖果點心，還有各種飲料。孩子們在母親拿出的袋子裡挑挑選選，翻出自己喜歡吃的東西。一整天的時間，母親不停地添東西、倒水，一遍遍的給孩子們拿甜點。」

「時間過得很快，到了該做飯的時間，母親、姐姐與我妻子在廚房裡忙著一家人的飯菜，聊著家常，一頓飯很快就做好了。人多，一張桌子坐不下，母親硬是不坐，讓孩子們先吃，她還是不閒著，張羅著我們每一個人，把每一個人喜歡吃的菜夾一點放在孩子們的碗裡。她自己端著飯碗站著，吃得不多，只顧著看每一個人吃，笑眯眯的。我能體會到母親高興的心情，而且知道她高興的心情裡有點受寵若驚。平時家裡就她和父親兩個人，過年全家人都回來了，母親似乎不知道怎樣才能表達出她的高興。看著母親胖胖的身體在每一個人面前晃來晃去，嘴裡不停嘮叨著多吃點，看著母親停留在每一個人臉上的眼神，看著母親有些慌亂地從櫃子裡拿出那些裝滿了吃的塑膠袋，看著母親不時的問孩子們想吃點什麼時的表情，我的眼眶濕潤了……想起為父母做的一切，父母也是時常給我一種接受恩惠的感覺，有時看到父母眼中流露出的一絲誠惶誠恐，我的心裡就有很深的內疚。實在忘不了，過年過節回家時父母一臉的燦爛，連那或深或淺的皺紋，都舒展得那麼愉快。回家過年吧！哪怕僅僅是為了滿足父母一年的渴望，哪怕兩手空空僅僅帶去的是自己的人和孝心，哪怕應酬再多工作再忙，哪怕只能待個三兩天，這個春節回家吧！陪陪父母。父母要的真的不多。」

齊所呼籲的，正是所有父母的心願。天下做父母的，心裡只有對兒女的付出，但是隨著兒女的成長，父母也開始變老了，生活上已經越來越力不從心了，精神上也變得空蕩蕩的，開始盼著孩子們回來陪伴。子女未必時時掛念著父母，而當父母的，卻是時時掛念著子女啊！

菲菲結婚後和丈夫過起兩人世界，工作繁忙，沒時間做飯，如果沒有應酬，他們會回老人家裡吃晚飯。晚餐時分，桌面上是熱騰騰的飯菜，菲菲和丈夫匆匆地闖進父母家，老人熱情地招呼著，他們卻有打不完的電話，一頓飯狼吞虎嚥地吃完後走人。而父母在第二天還會打電話來告訴他們：「今天做了妳最愛吃的紅燒排骨，回來吃吧！」父母對子女而言，意謂著一頓溫暖的飯菜，父母是躲在我們繽紛生活背後做飯的人，我們希望吃到可口的飯菜，卻從不考慮父母對我們期盼的目光。如果菲菲夫婦吃飯後在家中多待上一會兒，為父母做做家事工作，聽他們說說家長裡短，父母又該是多麼地舒心！

不過，也有現實情況如此：隨著職業競爭激烈、生存壓力增加，一方面，現在的子女不得不拿出更多精力參與社會競爭，另一方面，隨著居住方式轉變、社會流動性增強，父母輩更需要依賴子女的情感交流。一個忙，一個閒，一個沒時間陪，一個要人陪。於是，有了父母對子女的抱怨：含辛茹苦把孩子養大，到自己老時，孩子卻疏遠甚至開始冷落自己，反倒得我們主動打電話給子女，嘘寒問暖。因此有人認為，傳統意義上的「孝子」，二十年前開始越來越少，經濟越發達的城市，孝子越少。而做子女的，也一肚子委屈：「人的精力是有限的，要應對的事太多，工作壓力、孩子教育常常已經讓我們焦頭爛額。父母的事我們也常掛念著，在把他們排在一些要緊急處理的事後面時，心裡也很愧疚。」面臨這種情況的確棘手，但想到父母親把你從小小幾公克的孩子養育成今天的模樣，再辛苦，做子女的也應該經常去看看父母。

父母的心願很簡單，可憐天下父母心啊！他們不是希望你為他們掙多少錢，不是希望你為他們買多大的房子，也不是希望你多麼地飛黃騰達，他們期盼的僅僅是一家人能夠團團圓圓、平平安安！身為兒女，我們只能在爸媽的有生之年，儘量做到不讓他們為自己擔心、操心，盡力地帶給他們這個年齡應該擁有的快樂和幸福，讓他們安心、放心、舒心。

拿出行動，讓股東們放心

在一個公司中，股東們既然將權力交給了公司負責人，就表示他們相信他的工作能力，而一名負責的CEO，則要透過優良的資產收益向股東們證明，他們的信任並沒有錯，這是一個相互的過程。而在婚姻有限公司中，股東們放手讓子女們組成公司，正式開始營業，但這並不表示子女們就可以隨意決定自己公司的走向，而應該用種種具體行動，向父母股東們表明，你們是值得信任的管理者。

小李與妻子新婚不久，父母本來十分欣慰，以為孩子結婚後就能獨立生活了，沒想到，父母每次去兒子家一回，就不放心一回。家裡搞得一團糟先不必說，小李家的水、電、瓦斯繳費單總是有一張沒一張的，有時候，催繳帳單疊起來有一尺厚了，但小夫妻倆都顧不得繳。「他們可能太忙了。」每回老李夫婦都自我安慰一番之後，幫他們繳，但接下去的事情還有不少。天熱了，不知道換席子，過幾天天涼了，他們卻又不知道多加些衣被，搞得感冒發了燒，兒子還得一次次地回家問老爸，該吃什麼藥。小倆口過日子吵架是難免的，只要自己解決好就可以了，但是小李夫婦卻雙雙選擇回父母那裡，跟自己的父母訴說委屈。小李妻子的父母也同樣為他們擔心不已，跑前跑後地照顧他們。後來小李夫婦生下孩子，忙壞了兩家的父母，輪流住到小夫妻家幫他們帶孩子。週休假日，小倆口寧願自己在外面遊玩，卻把照顧孩子的重任託付給四位老人。這樣下來，小倆口的日子倒真是過得瀟灑，該到外面去玩就去玩，想出去逛街就出去逛街，四位老人簡直就成了四個義務保母。如今小孩到了晚上，都不肯跟父母睡在一起，小李夫婦面對小孩不知如何是好，最後還是他們的父母把孩子抱走才行。小李夫婦的雙方父母總是很憂愁，擔心自己離開了孩子，他們會無法獨立生活。

小李夫婦的一些行為，是不是也能在你的身上找到？你是不是感到愧疚？要知道，有一種愛叫放心。讓父母放心，是為人子女最大的孝敬。子女的孝順不是來自物質的，而是獨立人生後的精彩，展現給父母時的灑脫，讓父母不操心是我們給父母最好的報答！

當然，在父母的心中，孩子永遠都是孩子，都需要自己的照顧和疼愛，子女做得再好，父母總是不大放心的。不過我們身為子女，卻不能以這種想法來放鬆自己，應該盡可能做好一切，做得讓父母相信你已經長大了，讓他們樂於接受你的照顧，這就是最大的孝順了。

「快樂和悲傷，自行負責，這才是真正的長大。」這句話值得深思，很多子女說要父母放心自己，卻又拿不出具體的計畫，父母怎麼會放心呢？只有真正的能規劃自己的生活，付出實際行動，才能讓父母放心。父母不需要你的雄心壯志，對他們來說，在自己家中，學會做家事工作，學著照顧自己，讓父母看到一個整潔、溫馨的小家，看到一個健康快樂的你，他們也就會開心地笑了。

照顧老去的股東

面對股東的衰老，婚姻有限公司的員工都有些不知所措，曾經為公司投資的股東已經衰老，不能用任何形式來支持公司，反而變成了需要公司照顧的人。但是這一天真的到來了，公司不能袖手旁觀，要盡全力照顧好衰老的股東。

很久以前看過一則新聞：歐洲的科學家設計出了一套衣服，穿上後會讓人身材變矮、步履沉重、舉止緩慢、視力模糊……總之，讓人一瞬間真正明白什麼叫做衰老。在一整天的嘗試後，所有參加實驗的年輕人都深切地感受到：我們習以為常的生活，對老人們來說是多麼艱難，處處都有細小而尷尬的陷阱。我們也許無法解下父母身上這件名叫衰老的衣服，但如果我們處處從細節上為他們考慮，讓他們避開那些陷阱，他們的生活完全可以變得更加舒心方便。

在許多兒女們的成長歷程中，是父母的一聲聲鼓勵讓兒女踏出一個個堅實的腳印，擁有對世界的確定感和安全感。然而，當歲月為父母添上越來越多的白髮，當我們心中那棵大樹不再挺拔，當日新月異的快速變化讓年輕人都應接不暇，兒女需要與父母轉換生活牽引者的角色，用他們曾經對待我們的方式，去鼓勵他們、引領他們、幫助他們，讓精彩和快樂始終伴隨他們。我們要用角色互換的心情去照料他，才會有耐心、才不會有怨言。「老了就變得跟小孩一樣了。」我們變成了爸媽的「爸媽」，他們變成了我們的「老小孩」。如果你現在已經初為人父、人母，你一定會對你的孩子呵護備至，耐心有加，那麼請將這麼呵護和耐心延續到你已經衰老的父母身上，因為他們也曾經像你對待你的孩子一樣對待過你！

我們接受父母老了的事實，但是有時父母並不肯承認自己老了，這個時候要幫助父母認識到自己老了。幾乎所有的老人，一開始都是不肯面對這件事情的。父母有的時候開始變得像個難以捉摸的「老小孩」：變得固執己見，容易激動，為小事就大發脾氣；變得對周圍的事看不慣；變得多愁善感，過於小心謹慎，唯恐出錯；變得鬱鬱寡歡……他們並不是老了變成這樣，而是因為他們情感上太不想接受自己變老的事實。在很多人的價值觀念裡，承認老了無異於承認自己「沒用了」。幫助他們接受事實，是我們所有準備工作都能順利實現的重要保障。當下次他們再說到自己「老」時，我們最好不要急忙忽略過這個話題，衰老是必然發生的，與其避開，不如我們和他們一起面對。生個小孩是讓父母服老的最好辦法，當孩子咿咿呀呀地叫著「爺爺、奶奶」的時候，父母也就愉快地承認自己老了。如果暫時不想要小孩的話，就鼓勵父母去與同年齡的老人多交流，他們看自己不覺得老，但是看看周圍的朋友也就知道自己的歲數了。

每個兒女對老爸老媽最大的期待都是擁有健康的身體，其實這不僅僅是兒女的期盼，也是老爸老媽的最大心願。他們深知，他們的健康能讓我們更舒心地生活、更投入地工作。那麼，怎樣讓老爸老媽的身體更健康，讓他們的晚年生活更有品質呢？答案自然離不開科學的營養補充和合理的運動。隨著社區健身器材的逐步普及，在社區裡一起跑跑步，壓壓腿，伸伸腰，呼吸一下新鮮空氣，健身氛圍、運動強度對老爸老媽正合適。需要注意的是，社區裡的各種器材都有各自用途，需要掌握正確的使用方法，以免受傷，有心的你，可以自己演練熟悉之後，給老爸老媽當一個合格的健身老師。

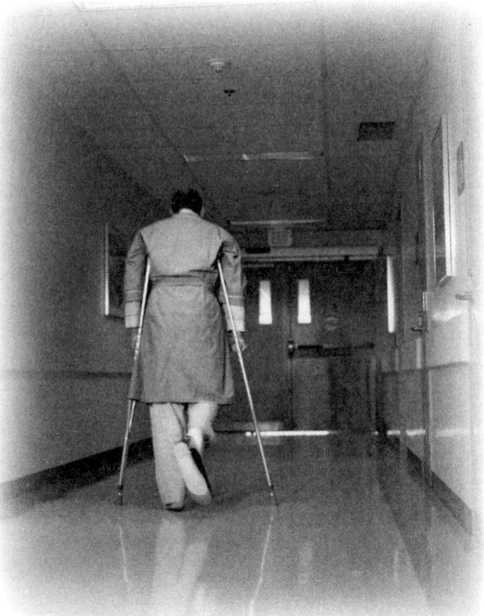

瞭解父母的財務狀況。一般來說，大部分老人到退休的時候都會有退休金、養老保險、醫療保險、存款或者其他投資，有時候也可能還有尚未繳完的保險。對此你必須有所瞭解，以便及時提醒，並在需要的時候幫助父母善加利用。當父母流露出因收入降低而不安時，我們應營造出溫暖的家庭氛圍，讓父母對「老有所養」有信心。

父母一輩子都在為兒女操勞，為工作忙碌，年輕時的許多愛好和理想只能束之高閣，甚至連愛好都不曾擁有。面對退休之後大量的空閒時間，許多父母難免感到寂寥。邱吉爾說過：「一個人如果想擁有真正的快樂和安全感，至少要有兩到三個貨真價實的愛好。」身為兒女，不妨替爸爸選套釣具，為媽媽買來文房四寶練練大字……一門愛好，可以成為老爸老媽怡情養性的好幫手，讓他們盡情享受退休後心無罣礙的自由時光。當然，如果你能夠對他們不斷精進的技藝大加讚賞，多些溢美之詞，那會讓他們的心情好上加好。父母已經老了，有一些願望在心底也就越發強烈，在可能的情況下，把他們的這些夢想當成一件認真的事情來規劃，參與並幫助他們實現一些夢想。也許父母剩下的時間已經不多了，如果不及時幫他們實現願望，只怕以後會後悔莫及。

與父母溝通，多傾聽。身為子女，抽出時間坐下來陪伴父母，和父母聊天，多傾聽他們的絮絮叨叨，比給予他們金錢更重要。當兒女給予金錢和物質上的孝敬時，總是忍不住告訴親朋好友，聽到大家對兒女的讚美聲而高興不已。這時候不要覺得父母很虛榮，這也是他們愛你的一種方式。我們要尊重衰老的父母，特別是當父母年老力衰的時候，我們經常會過度介入老人的生活，接管了老人的決定權，這時，尤其要尊重他們，理解他們。

當父母老了的時候，我們的孩子也正在成長，當我們用耐心、愛心、感恩的心去照顧年老的父母時，孩子也會感染，耐心、愛心、感恩的心也將深深地植入他們心中，當我們老了的時候，他們也會同樣對待我們。

父母老了，他們已經把青春、理想以及生命中的大半歲月和情感都傾注在我們身上，當你看著老去的父母，請不要悲傷。我們不能忘記他們點滴的愛，理解他們，支持他們，就像你剛開始學習如何生活時父母對你那樣。當初父母引導你走上人生路，如今請你陪伴他們走完最後的路。讓父母幸福安享生命中最後的那段美好的時光。當你把愛和耐心給年老的父母時，他們會報以感激的微笑，這微笑中凝結著父母對你無限的愛。

與股東溝通，講究方法

溝通在婚姻有限公司中非常重要，不僅僅包括夫妻之間，與股東的溝通也是非常重要的，而且也要講究方法。金好，銀好，不如父母心情好，讓爸爸媽媽高興是兒女義不容辭的責任，也是家庭和諧的關鍵因素。不過子女與父母的許多觀念都是不統一的，所謂「代溝」就是如此，在一些讓雙方都頭痛的問題上，怎麼能圓滿的解決呢？溝通是第一步。

老年人節約是普遍性的，可是年輕的夫婦對於老人的節約卻表現出不能理解。王婆婆十分節儉，最喜歡晚上逛超市，因為可以買到晚間特價的打折商品。碰到衛生紙打折，王婆婆會買上三、四包堆在家裡。夏天為了省電不開冷氣，寧願熱得滿頭大汗，子女買什麼東西都要問問價格，貴一點就說子女太會花錢。子女表示不理解，王婆婆說：「年輕人就是嬌氣，以前的生活多艱苦，現在雖然條件好了，但不能忘記節儉。」這樣的矛盾是兩代人價值觀不同造成的，要注意溝通技巧。讓父母瞭解，節約可以，但不能影響生活品質，多灌輸父母一些現代消費觀念，讓他們明白消費的本質。給父母樹立名牌概念，強調品牌即是品質。不要和他們討論幾百元一件的襯衫是否布料差，直接帶他們去享受，去逛品牌店、去餐廳吃飯，然後再小心地把價格遮掩起來。一旦他們的消費觀改變，自然也就不會為你購買的奢侈品而心疼錢了。

父母老了，總是認為自己不中用，再也無法給女子幫助，子女的生活有什麼不如意的地方，就總是把所有的錯誤都歸在自己身上。面對這樣的情況，你需要做的就是「報喜不報憂」，把生活、工作中的得意事情多跟父母說，讓他們也跟著高興，如果有不如意的事情，雖然父母是最安全的聽眾，但由於父母的處事方法與你的狀況大相徑庭，因此縱使他們再著急，也很難為你提供行之有效的方法。

因生存壓力大，競爭激烈，現在不少家庭只能由老人承擔著照顧孫輩的重任，從人類血脈相承的角度看，「隔代親」是一種十分深厚、細膩而又難以言表的感情，隔代教育也是有利有弊。有些祖父母很懂育兒經驗，不僅對孩子的身體發育瞭若指掌，能從容應對頭疼、發燒，這點比年輕夫婦要強很多。但是也有很多老人，看到自己的孩子有了孩子，簡直樂糊塗了，別說孫子要玩具，就是星星、月亮，如果能摘下來，他們都願意給。這樣很容易就把孩子慣壞了。解決隔代教育這一問題，關鍵是要學會與老人進行溝通。首先要講究說話的方式，也就是與哪邊老人溝通，就派其兒子或女兒去溝通，這樣發生矛盾的機率會大大降低。先要肯定老人的辛苦，然後再逐條說出由於溺愛而造成孩子的一些缺點，比如脾氣暴躁、動手能力差、自私等，將來很難適應團體生活，這樣反而害了孩子。不要嫌費事，多說幾次，通情達理的老人都會明白這個道理的。

由於逐漸遠離社會，外界信息量逐漸減少，使他們對生活上的很多事物的判斷力都不如從前，很多時候總是判斷失誤。無論你怎麼和他們說，他們依舊聽而不聞，照樣按自己的意願來做事情。這時候你可以拿出家長風範，像對小孩子一樣來教育批評他們。你會發現，父母不但不生氣，反而也會像小孩子一樣撒嬌，他們覺得你可以保護他們，讓他們有一種安全感。適當「神化」一下自己的社會地位和能力，讓他們覺得你是自己值得信賴的人。不過這也要看父母的性格而言，如果父母還沒有到達「老小孩」這種狀態，你這樣做只怕是適得其反。

最後需要說明的是，與父母溝通，儘量選擇面談這種近距離溝通方式，效果要比電話、書信等方式好很多。兒女可以在做家事、吃飯、休閒的時候，與父母親切交談。

與股東的矛盾，巧妙化解

婚姻有限公司的四位股東，分為兩派，兩派各自與公司的兩個合夥人有血緣關係。有血緣關係的股東與員工相處日久，習慣大體相同，自然相處和諧，但是沒有血緣關係的股東與員工就沒有那麼好相處了。矛盾是避免不了的，但關鍵是有了矛盾就要及時化解，這樣才能有利於婚姻有限公司的和諧發展。

對婚姻公司中的員工來說，組成新的公司代表著需要重新適應全新的生活，生活習慣可能需要大的改變。但相愛的兩個人之間還會包容和諒解，在面對對方的父母時，就難免會計較起來，而這個時候，需要的則是更大的智慧，去化解雙方的矛盾。

一般而言，股東與員工發生衝突多出現在婆媳關係上，因為那些和父母同住的家庭基本上是與男方的父母住在一起，再加上女性在情感上更加敏感，因此更容易互相之間產生隔閡和猜忌。因此，當不同生存環境、不同生活習慣，甚至是不同的世界觀和家庭觀的人生活在一起時，他們可以互相影響和磨合，最終獲得相互的體諒。

說來說去，婆媳關係再怎麼複雜，也只是一種兩代人的親情關係，完全可以憑藉人為的努力來維持良好的關係。

如果有條件的話，婆媳之間最好有一定的地理距離。如果公婆可以自理生活的話，分開住可以避免很多矛盾與問題。俗話說「距離產生美」，沒有了雞毛蒜皮的家務事，就可以大大避免了同一屋簷下產生矛盾的可能性。定時地回家去探望父母、公婆，可藉彼此想念之情，大大增進彼此的親密。

媳婦要尊重婆婆。媳婦要體諒婆婆，儘量把婆婆當作母親對待，生活中多關心婆婆。兒媳也要做到千萬不要去和婆婆爭丈夫的寵愛，妳要知道妳的角色就是妻子，絕對做不了他的母親，身為一個兒子他無論多大都需要母愛。

婆婆和媳婦應該常常談心，有事多商量，非原則性問題不要太計較，不要把自己的意見強加給對方。如果婆媳之間產生矛盾了，那麼雙方一定要有一方保持冷靜的頭腦，等對方情緒平靜之後再商討處理所存在的問題，尤其是媳婦，既然是晚輩，凡事對婆婆退讓一點並不過分。值得一提的是，在解決婆媳衝突時，兒子切不可偏袒任何一方，否則不但於事無補，還可能把關係搞僵，兒子應在中間起勸解作用，以理服人，無論何時在媽媽和媳婦之間都要做品質最好的潤滑油。

家，有時候並不是兩個人的家，你們愛著對方，同時也應愛著對方的親人。付出自己的愛，愛家庭中的每一位成員，是你們的責任和義務。

有一天，我們也會變為股東

對於婚姻有限公司的股東話題，我們說了很多，說他們的好，與他們溝通，對他們懷感恩之心等等，可是對有的員工而言，還是不能完全理解股東的心思。那麼，不要著急，早晚有一天，我們也會變成一家新公司的股東，到時候就能完全理解股東的苦心與愛心了。

日本有句諺語，叫「有子始知父母恩」，我們其中的任何一個，自己尚是孩子時，對父母之恩半知半解，我們從來就不懂得也無法完全瞭解父母的心情，總埋怨父母的嘮叨，埋怨父母不理解自己，然而，我們做子女的又有幾個能理解父母呢？父母願意為我們不計回報地付出的，恐怕比我們可以想像得到的多得多，可惜的是我們之中的大多數從不知足，總覺得父母給的不夠。我們轉眼就長高了，長大了，想法也多了，而慢慢對父母的依賴少了，不再去體會父母的訓教，不再去傾聽父母的心聲。

所以，當你因為他們的嘮叨心煩時，當你和他們意見不合想大聲訓斥他們時，不妨想一想，有一天你也會變成股東，到那個時候，你希望你的孩子如何對待你呢？現在的我們，是否真的要到了為人父母之時，才能真的體會到父母的心呢？我想我們是應該學著去理解父母，不能再一味任性地要求父母理解自己，要求父母為自己付出。或許我們更應該考慮的是：我們能為父母付出什麼？

第六章・讓人歡喜讓人憂的「分公司」

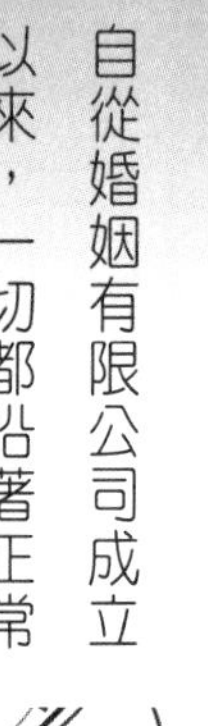

自從婚姻有限公司成立以來，一切都沿著正常穩定的軌道發展，分公司——寶寶也誕生了！真是讓公司的所有人員都眉開眼笑，但是隨著分公司的成長，許多問題也隨之而來，如何才能讓他健康、快樂地成長呢？哎，真是甜蜜的負擔啊！

負責人要經過嚴格培訓

一旦決定開分公司，婚姻有限公司中的負責人就要打起精神了。分公司可不是那麼容易就能開的，如果問這些毫無經驗的負責人，你開辦分公司的方法正確嗎？相信很多人都無法自信地給出一個肯定的答案。是啊，年輕的負責人都是初次進行該項目，缺乏經驗，有這樣那樣的疑問，或者出點這樣那樣的小紕漏，這是再正常不過的了。可是，分公司意義重大，一旦失敗後悔終生。為確保萬無一失，負責人要經過嚴格培訓，做好充分的準備才能著手開辦分公司。

要做的準備工作，先從財務方面入手。小寶寶雖然可愛，花費可不低。準媽媽的花費就已經開始多了起來，營養費、檢查費、住院費等等一樣也不會少，而等寶寶呱呱墜地之後，要花錢的地方更是越來越多，而且都是不能不花的錢，有吃、穿、醫療、教育等等，又是一大筆數目。而且寶寶的消費與準媽媽的消費略有不同，準媽媽身上的花費很多是一次性的，而寶寶的多數相關花費已經變成了相對固定的經常性支出。總之，你已經頂著「上有老、下有小」的超大壓力，成為家裡的頂樑柱了，面對這個不輕的責任，你準備好了嗎？其實，最好的辦法就是提前準備好「育兒基金」。這需要長期的規劃，最簡單、最沒有風險的方法就是有穩定工作的夫妻，從每個月的家庭收入中撥出一定比例的資金，來做為育兒基金。做好財務準備可讓年輕的父母不會臨陣缺錢，更加從容地面對新生命的誕生。

做好了財務準備，下面就得著手心理準備工作了。首先要提的是上面說過的責任感，心裡要做好為人父母的準備，擔負起撫養孩子的責任。寶寶出生後，會直接影響到這個小家庭的全部節奏。你有可能吃不好、睡不好，而且再也沒有多餘時間出去遊玩，因為你與另一半的大部分精力全部要投在孩子身上。不過這時雖然勞累，卻是非常開心。

在生下孩子之前，夫婦兩個肯定對孩子有一個完美的設想，希望孩子遺傳到兩個人的所有優點，成為兩人完美的結晶。但是我們不能控制命運，很多事情不會照人為設想的因素發展。因此孩子有可能與你們所想像的有所出入，或許身體不太健壯、或許長得不太漂亮、或許是與自己期望的性別不一致。這時千萬要冷靜，要有心理準備去善待他們，絕對不能因為不滿意就歧視孩子，因為他們同樣是兩人的結晶，他們更需要愛。無數事例證明，只要教育觀念正確、養育得法，這些「不合期望」的孩子同樣可以成才，同樣會成為你們喜愛的孩子。

愛孩子但是不能溺愛。孩子三歲以前，父母的愛是他們發展不可或缺的精神糧食，但不能過「濃」，否則會變成不理智的溺愛。溺愛，是一種失去理智、直接摧殘兒童身心健康的愛。當今人人都知道溺愛孩子有害無益，但事到臨頭，有了自己的孩子之後，就分不清

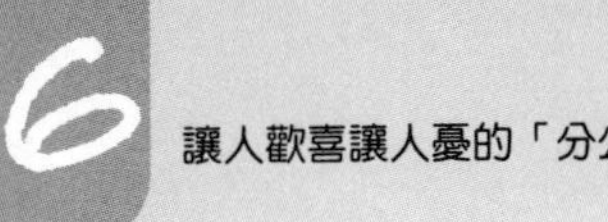

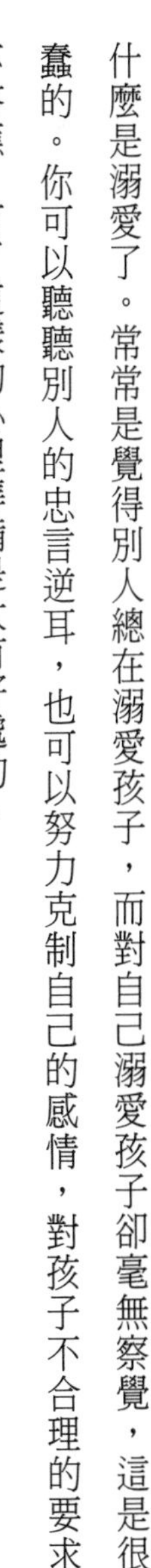

什麼是溺愛了。常常是覺得別人總在溺愛孩子，而對自己溺愛孩子卻毫無察覺，這是很愚蠢的。你可以聽聽別人的忠言逆耳，也可以努力克制自己的感情，對孩子不合理的要求絕不答應，有了這樣的心理準備是大有好處的。

總之，面對生命中的新起點，你要問自己準備好了嗎？切不可不做任何準備就要了小孩，否則將來會後悔莫及。

「總公司」要重視榜樣作用

當一個分公司成立，開始成長的時候，它不僅需要總公司的支持，更重要的一點是，它的管理和營運都會依照總公司的既定模式來進行，因此，要讓分公司有著先進的管理和良好的運轉，總公司自己必須先有著科學規範的管理。而婚姻有限公司的分公司也是一樣的，雖然孩子們不會完全依照父母的生活軌跡生活，但他們會把父母的言行通通看到眼睛裡，很可能有樣學樣哦。所以，如果你希望你的孩子善良正直，那就自己先在生活中坐言起行吧！

當為孩子設計未來的時候，我們總是設想一個很美麗的藍圖，孩子要有好的生活習慣、好工作、好品德、好人緣等等，總之都要是好的。多數的父母都是愛孩子的，他們都是全心的在培養「自己的未來」，可是真正他們理想的精英還是很少被培養出來，有些反而背道而馳。為什麼？很主要的一個原因是：在撫養孩子的過程中，父母無意的言行舉止影響了孩子們的習慣及成長。正如每一位父母所熟知的那句俗語一樣，「種瓜得瓜，種豆得豆」。

一個剛進入中學的小男孩，總在借錢、騙錢買零食，老師批評、媽媽勸說、爸爸打罵，均不見效。當他又一次向別班同學借了錢買零食吃時，老師把他爸爸請到了學校。聽著老師告狀，這位父親聲淚俱下，表示真的很無奈了。後來老師以大朋友的身分與小男孩溝通，讓他勇於把內心深處的想法說出來。他傾訴爸爸媽媽的打罵教育讓他十分害怕，老師鼓勵他之後說：「你上中學後就要從一個小男孩長成男子漢了，就不應該吃零食了，吃零食是女孩子才做的事情。」老師的話音未落，小男孩迫不及待地說：「我們家不是這樣，我媽媽從來不吃零食，爸爸每天晚上看電視時都要吃。」老師不禁長嘆，那位為了管教孩子曾把孩子頭打破的父親，有什麼理由去糾正孩子的錯呢？從根本上來說是父親先錯

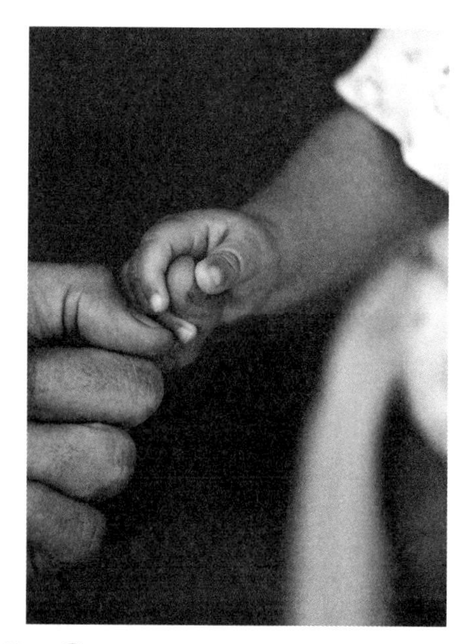

了，不能以身作則的教育是徒勞無功的，是不能服人的，是註定要失敗的。

俗話說「龍生龍，鳳生鳳」，優秀的父母總會教育出優秀的子女。因為父母是孩子的第一任老師，如果想把孩子培養成優秀的人才，父母首先就要成為孩子學習的榜樣。家長的榜樣作用不是像老師上課那樣有時間管制，而是無時無刻都在發生著作用。所以家長應該時刻都注意自己的言行，儘量給孩子一個良好的榜樣。

最近，王先生比較頭痛，因為他的兒子迷上了網路遊戲，一說寫作業就沒勁，一說玩遊戲就特別興奮。為了兒子的健康成長，王先生和兒子簽訂了君子協定：以後，除了週五、週六可以玩以外，其他時間要以學業為重，不能分心。兒子同意了。有一天中午，妻子和兒子午休，王先生沒有午休的習慣，就自己在電腦上玩起了遊戲。妻子和兒子起床後，他還沒退出的意思，兒子看見了，本來很好的心情，變得很糟。妻子有點莫名其妙，看兒子氣呼呼地去上學，她心裡感覺很不安，就跟上兒子，陪他一起去學校。路上和他談心，兒子告訴媽媽，他看見爸爸玩遊戲了，違反了他們的規定，不是個好爸爸，所以很生氣。原來是這樣啊！妻子本來想替丈夫掩蓋一下，可是一想，這樣對孩子影響不好。她就告訴兒子，說爸爸這樣做確實不對。下班後，兒子還沒放學回來，妻子與王先生說了此事，王先生才意識到問題的嚴重性。晚上，兒子回來了，王先生給兒子道歉，並自願繳十元罰款。兒子愉快地原諒了爸爸，一家人開開心心地吃飯了。從此以後，兒子再也沒有偷偷摸摸地玩遊戲。

都說家長是孩子的第一任老師，您身為家長是否意識到了這個「第一任老師」的重大含義了呢？家長不斷要求孩子做到，是否想到自己首先應該做到？孩子面對多彩的世界是無知和新奇的，他們的成長就是一個模仿和領悟的過程。首先家長一定要做好模範帶頭作用，時刻警惕自己的言行，為孩子樹立一個效仿的榜樣。其次家長要懂得承認自己的錯誤。家長也不是神，也不是盡善盡美的人，一樣存在不足和毛病，也會管不住自己。要求孩子做到的，家長首先要做到，只有這樣，才能算是平等。

很多孩子存在不聽話、任性、頂嘴等等不良習慣，其實這些孩子的習慣與態度與家長的教育方式息息相關。孩子在開始步入學習知識與資訊的時期，他們會透過觀察家長的言行舉止進行學習。你給孩子做出什麼的榜樣，孩子便學習了什麼。此時，家長的一舉一動都潛移默化地影響著孩子，當您帶著孩子一起闖過了紅燈，交警沒有看見，但您的孩子看見了；當您在禁止吸菸的場所吸菸，沒有人干涉您，但您的孩子看見了；當您在送孩子上學的路上很隨意地吐了口痰，沒人批評您，但您的孩子看見了；當您很不禮貌地嚼著口香糖與人交談時，別人不說什麼，但您的孩子學會了；當您在電視前如痴如醉的時候，卻要孩子認真讀書，孩子學會了三心二意……

榜樣的力量是無窮的。最近距離、最直接的榜樣就是孩子們的爸爸媽媽，孩子身上的優點、美德是您給的；同樣，孩子身上的一些不良習慣您也難辭其咎。

讓「分公司」吃點苦頭

分公司在總公司的幫助和引導下，已經開始健康成長，不過總是顯得有點稚嫩，讓分公司吃點苦，多多接受鍛鍊，是幫助他快速成長的「綠色」通道。

法國思想家盧梭說過：「人們只想到怎樣保護他們的孩子，這是不夠的。應該教會孩子怎樣保護自己，教他承受得住命運的打擊，教他不要把奢華和貧困放在眼裡，教他必要時在冰島的雪地裡或者馬爾他島灼熱的岩石上也能生存。」

現在，不少的父母把孩子看作是未來的希望，在孩子的成長過程中，寧可自己吃千般苦，也不讓孩子受一點累。於是，孩子從小便養成「茶來伸手、飯來張口」的不良習慣，缺少自立性和吃苦精神。在家裡給孩子的都是最舒適的環境和優越的生活條件，寧可苦自己不能苦孩子，手頭再緊也要擠出錢給孩子買名牌球鞋，工作再忙也不讓孩子插手家務，於是這些時刻被寵著的孩子大多存在著缺乏家庭責任感和起碼的生活自理能力。身為父母可以為孩子考慮一切，是否能為孩子考慮一輩子呢？孩子永遠生活在父母的庇護下，就永遠不能學會自理，以後他走出社會的時候，當他周圍的人都為了生存而競爭的時候，你還能為他提供一切，為他安排一切嗎？

人的一生中，總會有磕磕絆絆的時候，如果從小教育孩子遇到挫折應該怎樣面對，讓孩子在你有能力看護下多吃點苦，總比他以後單獨受苦無助的好。當然，孩子不願吃苦，拒絕吃苦，這並非是孩子的過錯，而是父母沒有重視從小培養孩子自立能力和吃苦精神的結果。孩子們往往對任何事都感到新鮮和好奇，有時甚至是好玩，因此，他們會對很多事躍躍欲試或直接參與，例如掃地、買菜等。面對這些情況時，家長更應該給予孩子鼓勵，而不是怕孩子做不好而加以制止。這種教育方式使孩子們失去了做事的機會。

孩子好習慣的養成，離不開家長的教育與努力，更需要的是家長走出愛的迷思。過分地呵護孩子，給孩子帶來的只是成長的阻礙。培養孩子獨立承擔困難與挫折的機會，正是讓孩子形成良好意志品格與行為準則的必經之路。家長退一步，孩子才能進一步。

許多國外家長對孩子的教育很值得學習。比如美國的中學生有句口號：「要花錢自己掙。」美國青少年從小的時候開始，不管其家裡多富有，男孩子十二歲以後，就會給鄰居或自己的父母剪草、送報賺些零用錢，女孩子則做小保母去賺錢。在瑞士，家長會把國中一畢業的女兒就送到一家有教養的人家去當一年女傭人，上午工作，下午上學。這樣做既鍛鍊了勞動能力，又利於學習不同語言。日本有句名言：「除了空氣和陽光是大自然的賜予，其餘的一切都要透過勞動才能獲得。」在這種觀念的指導下，日本父母在孩子學好功

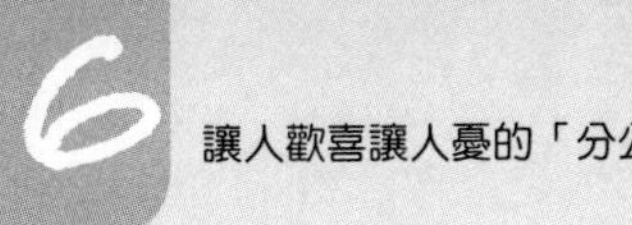

課的同時，還要求他們獨立自主地利用課餘時間做些能力所及的家事或者打工。十九世紀俄國著名作家屠格涅夫說：「你想成為幸福的人嗎？那麼首先要學會吃苦。能吃苦的人，一切的不幸都可以忍受，天下沒有跳不出的困境。」

雖然知道吃苦是對孩子好，但吃苦並不是拼命讓孩子參加短期的吃苦教育活動，也不是哪天突然對孩子嚴肅地說：「今天，我就要讓你嘗嘗吃苦的味道。」實際上，這種吃苦教育是沒有任何意義的，這些做法也並不能達到培養孩子的目的，反而會讓孩子產生更大的抵抗情緒。所謂的讓孩子吃點苦，正確的做法是要在孩子玩得最高興的時候，或者在日常生活中，潛移默化的情況下進行。其實，讓孩子在日常生活慢慢地學會吃苦、學會自理才是最正確的方法。在吃、穿、住、行等各個方面都可以培養孩子。例如，在吃的方面，除了保證孩子必要的營養外，不要讓孩子吃得太好、太精，控制孩子對零食的依賴。在穿的方面，要培養孩子整潔、大方的概念，而不是一味地追求名牌效應。在住和行方面，要讓孩子愛這個家，而不去計較房屋的大小、精緻與否。不要讓孩子養成攀比虛榮的心態，家長要做好帶頭作用，保持孩子在這樣的一個環境裡生活，鼓勵孩子常常動腦、動手，學會珍惜身邊每一樣物品，使孩子養成勤儉樸素的好習慣。讓孩子從小就懂得做什麼事情首先都要依靠自己的力量。這不但會增強孩子的自信心，也會培養出孩子的自我意識。

父母愛孩子總是無微不至。看見孩子拿了小刀削鉛筆，就怕孩子削到手指，於是馬上搶了過來，替兒女削。孩子拿針縫一下脫落了的釦子，母親也會怕女兒刺到手指，而要搶過來代勞。他們的這種行為實際上是害了孩子。一方面，削鉛筆、縫釦子不一定會削到手或刺傷手，這是誇大了事物的危險性。另一方面，更重要的是剝奪了孩子自己體驗危險，並蘊育出避免危險的智慧的可能性和機會，更不要說使孩子失去了學習勞動的機會。因而正確的方法，應該是幫助和教育孩子正視危險、避免危險，進而克服危險。如果真有什麼或遇到什麼危險的話，譬如父母認為用刀子削鉛筆有削到手指的危險，就可以向孩子說明這種危險，並提醒他使用刀時應當怎樣用力。

通常孩子到了十一、二歲就想替父母和家裡做些事，替母親到超市買點東西，到郵局寄信、買郵票等等。起初，孩子可能會買不好，或做不好，有的父母又怕孩子一個人上街危險。這些顧慮都是正常的，也是可以理解的，但是父母卻不應因此而把孩子關在屋子裡，拴在自己的身邊。相反，應該信任他們，讓他們去做；同時提醒可能出現的問題，這樣不僅使孩子有自信心，能一心去做好自己要做的事情；另一方面，即使一兩次出了差錯，做得不好，大人也不要斤斤計較，過於責備。而應幫助孩子總結失敗的教訓，告誡孩子以後不再重蹈覆轍，就行了。這樣做既可培養鍛鍊自己獨立生活的能力，又能增進父母與子女間的感情。

不過也有知道進行吃苦教育的必要性，也知道如何進行吃苦教育，但依然縱容孩子過於

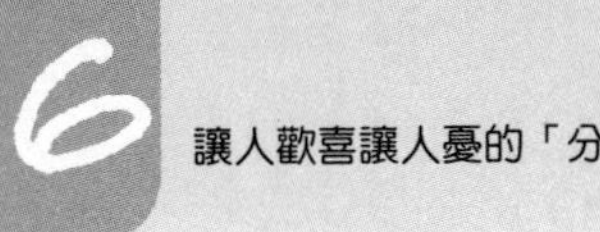

嬌生慣養的家長。道理大家都知道，但是執行力卻不能貫徹的也有很多。並不是每個家長都能照著道理去執行，或者執行非常到位。如果身為父母無法下定決心讓孩子接受身邊的吃苦教育，那麼，不妨把孩子放到一個具體的環境中，體會生活的艱辛與不易。要注意的是這種教育不能圖一時之快，而是真正貫徹到孩子成長中。

有句話說「酸、甜、苦、辣都是營養」，如果孩子不吃苦就少了一種營養，遲早會出問題。苦難和磨礪，是一個人成長道路上必不可少的佐料。眼光應該放長遠些，不要把孩子當作自己的私有財產。要鼓勵孩子勇敢的去選擇，嘗試走自己的道路。既然孩子的路是要他自己走，那麼就讓孩子從跌倒開始吧！

允許「分公司」犯錯

沒有人願意犯錯，但是分公司不可能一帆風順地成長，犯錯也是必然的，當下屬犯錯時，總公司應該先想想，是不是自己在管理和方針指導上出了什麼偏差，同時需拿出正確的態度來對待，處理好了，反而能促進分公司的發展，相反處理不好就會耽誤分公司的發展。

對於孩子的錯誤，大體可分為兩種。一種是思想上存在的錯誤認知，是必須立即糾正

的，比如說謊、欺負弱小等，這類錯誤一旦放任，就難以收拾；而另一種，即孩子無意識造成的，能夠自行糾正的那一類錯誤。一天，我去一位朋友家做客，無意中看見他不滿四歲的孩子拿著一把鑰匙，笨拙地試著插進鎖孔中，想打開臥室的門，可是怎麼也打不開。我主動過去想幫助他一下，誰知朋友馬上阻止說，讓他自己先犯些錯誤吧！琢磨一會兒總能打開的。果然，那孩子折騰了一陣子，終於如願以償。

孩子不斷犯錯的過程，其實正是不斷改正錯誤、學習技能的過程。假如他沒有這類機會，總是有人幫助他輕易、順利完成，非但剝奪了孩子尋求正確方法的樂趣，也會使他們變得懶於動手、動腦，養成依賴父母的壞習慣。其實，人生本身就是一個累積個體經驗的過程。孩子在成長的過程中，既需要把大人的忠告當作自己的間接經驗，更多的是從自己親身的經歷中得來的直接經驗。一個處處掣肘的總公司顯然不會是個好公司，放手讓分公司獨立處理事務，這才是發展的開始。

孩子在慢慢地長大，也會慢慢地有自己的自我意識，開始獨立地去思考我想做什麼，而不是你要我做什麼，自然會出些這樣那樣的問題。面對犯了錯的孩子，一些家長雷霆大發，甚至會大打出手。有的父母只看到孩子身上有毛病，一味求全責備，整日嘮叨，孩子反感，結果往往會事與願違。孩子難免犯錯，不糾正，就會繼續犯錯，糾正得過頭，就有可能導致孩子往反方向發展，甚至走向極端。這個時候如果多給一些鼓勵，反而能讓孩子爬起來繼續前進。

有一位母親第一次參加家長會，幼稚園的老師說：「你的兒子有過動症，在板凳上連三分鐘都坐不了，妳最好帶他去醫院看一看。」回家的路上，兒子問母親老師都說了些什麼，她鼻子一酸，差點流下淚來，因為全班三十位小朋友，唯有他表現最差；唯有對他，老師表現出不屑。然而她還是告訴她的兒子：「老師表揚你了，說寶寶原來在板凳上坐不了一分鐘，現在能坐三分鐘。其他媽媽都非常羨慕媽媽，因為全班只有寶寶進步了。」那天晚上，她兒子興奮地自己拿好了碗筷，主動幫母親做家事工作。後來兒子上小學、中學，每次家長會上，老師都說他的學業成績很差，需要好好努力才能不留級。然而，母親回到家裡，卻對坐在桌前的兒子說：「老師對你充滿信心。他說了，你並不是個笨孩子，只要細心些，成績會進步的！」說此話時，她發現兒子黯淡的眼神一下子充滿了光，沮喪的臉也一下子舒展開來。孩子考大學的時候，再開家長會，母親已經在成績不好的學生中聽不到兒子的名字了，雖然老師說她兒子要考上好的大學有點危險，但是她還是懷著驚喜的心情走出校門，扶著兒子的肩膀說：「班導師對你非常滿意，他說了，只要你努力，很有希望考上好的大學。」第一批大學錄取通知書下達時，學校打電話讓她兒子到學校去一趟。她有預感，她兒子被知名大學錄取了，因為在報考時，她給兒子說過，她相信他能考上理想的大學。當她兒子從學校回來，把裝有大學錄取通知書的快遞交到她的手裡，突然轉身跑到自己的房間裡大哭起來，邊哭邊說：「媽媽，謝謝您在我犯錯後總是鼓勵我，我才有了今天的成績。」

每個人都難免會犯錯，何況是孩子？孩子的成長過程就是一個犯了錯又不斷糾正的過程。孩子只有犯過錯誤，才會認識正確的知識。關鍵是父母的態度與做法，父母應當把孩子錯誤中的消極因素轉化為對孩子有利的積極因素，並且多一些耐心，多給孩子一次嘗試的機會，那麼成功也就近在咫尺了。

不讓孩子犯錯是不可能的。在孩子犯了錯誤之後，怎樣採取正確的糾正方法，讓孩子既能明白自己做錯了什麼，也知道自己該怎樣改正錯誤，這樣，就可以避免孩子繼續犯同樣的錯誤。對孩子不是故意犯的錯，比如打鬧玩耍中不小心損害財物、誤傷夥伴等，只要家長讓闖禍的孩子看看後果，鼓勵他們承認錯誤就可以了。如果是其他的原因犯了錯，父母也要保持冷靜，要知道暴力和指責解決不了任何問題，只會在孩子心中留下傷害的陰翳。如果父母耐心細緻地處理問題，仔細分析犯錯的根源，指明改正錯誤的方向和方法，就可

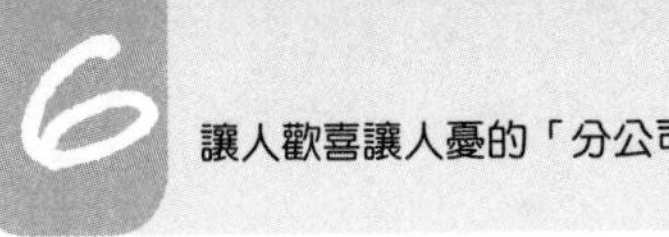

以幫助孩子從錯誤中走出來。

從不犯錯的孩子長大後或者成為庸才，或者早晚要犯大錯。為了孩子，父母應將健康的教育方式引入家庭，多與孩子輕鬆交談，對孩子多一點寬容與尊重，少一點苛求與批評；多一點溫暖與關心，少一點訓罵與指責。

尊重「分公司」，等於贏得未來

尊重，是每個人的心理需求。身為婚姻有限公司的負責人，要時刻記著這一點，尊重正在成長的分公司的一切決策，就等於贏得了美好的未來。摩托羅拉公司就規定，公司一級及下屬各層管理者的辦公室，大門要始終敞開著，藉此表明，管理者和員工都是平等的，而員工隨時可以進入管理者的辦公室，進行交流和溝通，表達自己的不同意見。正是對員工的尊重，才讓摩托羅拉成長為首屈一指的大公司。而在婚姻公司中，要讓分公司獲得成長，首先就必須尊重它。

在社會這個大環境中，身為成年人的我們都知道，人與人之間需要相互理解和尊重，只有尊重別人才能得到別人的尊重。人與人之間的尊重是雙向的、互動的，家人的相互尊重帶來家庭的和諧，也給家庭每一位成員帶來生活的溫馨和幸福。可是在家庭裡，我們卻往往忽略了對孩子的尊重，只是一味樹立自己的權威形象而忽略了孩子的感受，其實孩子需要的不僅僅是愛，更需要來自父母的尊重和理解。

兵兵是個五歲的小男孩，他有個奇怪的習慣：無論和誰說話，總愛使勁拽對方的袖子。爸爸媽媽很惱火，覺得這樣十分不禮貌，但是無論他們怎麼說，兵兵還是會拽別人的袖子，爸爸媽媽十分無奈。一次機會，爸爸媽媽帶兵兵去參加他們的高中同學聚會，同學之間將近二十年沒有見面了。他們遇到了做幼教工作的老同學譚天，譚天也有一個和兵兵差不多年紀的孩子。老同學見面，自然免不了說起自己的孩子，爸爸媽媽將兵兵平時沒禮貌的事說給譚天聽，希望他能給一些建議，但是譚天只是一直地微笑著。譚天的女兒走了過來，她使勁地踮起腳尖，指著桌上的食物說：「爸爸，我要吃那個……」只見譚天彎下腰，順著琳達手指的方向看了一下，然後笑瞇瞇地遞給了她。過一會兒，譚天的女兒又跑過來，譚天又一次蹲下身子，聽她咿咿呀呀地說著，答道：「好，我們回家後去問問媽媽的意見。」女兒又高興地跑出去玩了。

「你對孩子真有耐心！看看，你們家女兒多可愛！」兵兵的爸爸媽媽禁不住誇獎起譚天來。譚天突然問道：「你們是不是從來沒有蹲下來和兒子講過話？」「嗯？」兵兵的爸爸媽媽覺得很奇怪：「蹲下來講話？」「對呀！在我看來，兵兵抓住別人的袖子，就是想讓那個人低下頭來，看著他或者能夠蹲下來和他說話。」譚天平靜地說。平等地對待孩子，是尊重孩子的首要條件。這裡所說的「蹲下身子」，並不是單純意義上的蹲下身子，其更深刻的含義在於放低你的「心」，真正地嘗試用孩子一般的心，去體會他們的所思、所想以及他們的各種行為。

家就像一個小的國家，家長要努力營造一種民主、和諧、輕鬆的家庭氣氛，與孩子建立平等的親子關係。比如提醒孩子該做作業了，可以這樣說：「到時間了，你是不是該做作業了？」而不要直來直去地說：「別看電視了，快去做作業！」再比如請孩子給家長做一件事情，可以這樣說：「你能幫我把那件衣服拿來一下嗎？」而不要說「把那件衣服給我遞來」。如果孩子幫你做了，你還要記得說一聲「謝謝」。多給他一些鼓勵，即使他做得不夠好，也不要指責，最好用讚揚的方法指出他的不足，這樣孩子們就會比較容易接受。如此一來，孩子就會感覺你很尊重他，心情會很愉快，而且也很願意聽家長的話。

在日常生活中，我們要允許孩子根據自己的意願進行選擇，鼓勵孩子自己做出一些決策。例如和孩子一起商量：「週末你想怎麼安排？」遇到問題時，不妨先傾聽孩子的意見，問他「怎麼辦」，他若說得對，就按照他的主意做，他若說得不妥，可先假設幾個問題，直到他解決不了了，然後提出自己的看法，這樣孩子比較容易接受。

對孩子做錯了事，說錯了話，一定要及時改正，並說聲「對不起」。不應顧及父母顏面，也沒什麼放不下的身段。美國心理學家羅達．鄧尼說過：「父母錯了，或違背自己許下的諾言時，如果能向孩子說一聲對不起，可以幫助孩子建立自尊，同時能培養孩子尊重人的習慣。」

不要小看孩子。經常聽到有些父母對於孩子的言行嗤之以鼻，只不過是小聰明，沒什麼了不起的。要知道，這樣的說法會極大地挫傷孩子的自尊心，不利於孩子的成長。留心觀察孩子的才能。每個孩子生下來都是天才，這話一點不假。每個孩子身上都會有某些天賦，某些較突出的能力，只要父母用心一點，就能在日常生活中觀察到。如有的孩子愛唱歌，一聽到音樂就能有節奏地擺動身體，父母要做的不是加以制止：「太吵了，安靜一點！」而應該發現孩子的能力，並給予肯定：「太棒了，爸爸媽媽都不會你就會了。」這樣的表達會讓孩子充滿信心，我是聰明的，我是有本領的，這種自信會影響他的一生。陪同孩子一起分享他的智慧。有些孩子很擅長講故事、手工製作等，這都可以說是孩子的智慧，聰明的父母應該聽孩子講講故事，陪孩子動手製作，當你親眼、親耳體會到孩子的能力時，你會更加驚訝於孩子的智慧，對孩子刮目相看了。

俗話說：「沒有規矩，不成方圓。」尊重孩子的自由需求，並不等於放任孩子。孩子年齡小，是非辨別能力差，時時刻刻都需要家長的悉心引導，才能養成良好的行為習慣。對於孩子的壞品行、壞習慣等原則問題，父母不必委婉，但也不可採用訓斥的方式，而是要平等而又嚴肅地與他談話，指出其危害性，要求其改正，並訂出一些懲罰措施。這樣的態度比打罵責備更容易讓孩子接受。

恩威並施，引導「分公司」快速成長

一個運作良好的公司一定會有著清楚合理的獎懲措施，這樣才能鼓勵員工的工作積極性，提高工作效率。而婚姻有限公司管理、引導分公司也要遵循這樣一個原則——恩威並施，有了業績要讚揚、獎勵，犯了錯要有處罰，有獎有罰才能讓分公司快速成長。

孩子有叛逆心理，是整個成長過程中一個客觀存在的情況，我們能做的是把這種叛逆心理減少到最小的程度。想要防止孩子形成叛逆心理，關鍵在提前預防，否則，一旦孩子的叛逆心理形成將難以扭轉。如何防止孩子形成叛逆心理呢？父母要做到「恩威並施」。所謂「恩」，就是對孩子好，要關心、體貼孩子。但對孩子好，也不能沒有限度，否則，便會對孩子失去制約。因此，這就需要「威」的一面。所謂「威」，要學會對孩子說「不」，樹立父母的威望和尊嚴。

父母若在孩子六歲之前對孩子說「不」，他（她）儘管會因為你的拒絕感受痛苦，但最多也就是痛哭一番，嚴重些就是哭得氣噎、哭得在地上滾來滾去……可是你若等他（她）十二歲之後的青春期，你再開始對他（她）說「不」！他（她）不會再簡單地哭、不再氣噎，也不再打滾……他（她）會離家出走，會選擇自殺、會跳樓威脅……因為那時候他（她）已經有對付你的各種能力和選擇，如果等到那一天，你會難做得多。

說「不」的環境要講究，要讓孩子單獨面對你，而不要讓他（她）在眾人面前、或在其他親屬面前面對你。所以，無論他（她）在哪裡與你對峙、與你大鬧，你都不要心急，要把孩子帶回家，最好選擇在臥室內，因為房間裡沒有危險物品。你將他置於臥室中，將門關上，讓他單獨面對你，他會感受一種情境壓力，然後，告訴他（她）：「你今天這樣是不對的！下次不許如此！」這種說「不」的方式就是以一次事件的處理行為告訴孩子：如果你做得不對，你再鬧我也不會讓步，我也不會心疼，我對你的愛是有限度的，取決於你自己的表現！所有的孩子都會從中感知你的反應。只要你堅決，他（她）就明白了。從此之後，他（她）不會再如此辛苦地與你鬧！然後你再進行疏導性教育，恩威並施，讓他（她）知道，父母愛他（她），但父母不遷就他（她）——這種「較量」越早越好。

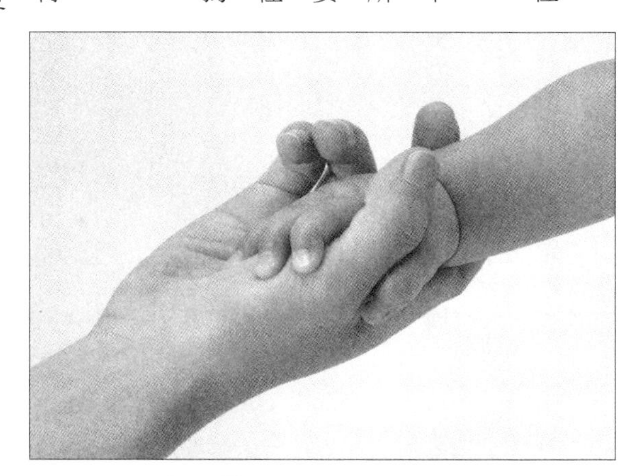

「威」也要有限度的，否則假如每個人對孩子都是黑臉，凶巴巴的，孩子會怎麼樣？他（她）會失去自信心，甚至跟父母之間的情感比較疏離，因為他太怕你。恩威並施的父母則會平衡與孩子的關係，他們重視子女的需要，亦看重與子女的關係，儘量學會站在他們的角度和高度去考慮問題。

老張教育他的女兒，也是從上學開始。有一次他女兒打電話回來：「爸爸，我沒有帶作業簿，您趕快幫我拿過來。」老張這樣說：「沒有帶是妳自己犯的錯，自己做錯的事情要自己承擔後果。」說完就把電話掛了。這通電話一掛下去，叫做威嚴。女兒下課回來之後父親一看，她的表情怎麼樣？很落寞。肯定被老師責罵了，被處罰了。做父親的趕快走過來，這個時候要再罵她一頓，那就太過分了，早上給她掛了電話，很有威嚴，下午回來要扮演父親疼愛她的角色。老張就走過來：「女兒啊，有沒有被老師罵？」女兒點點頭，老張接著說：「父親教妳一個方法，妳從此以後，就不會因為沒有帶作業，被老師處罰。」女兒這樣一聽眼睛亮起來：「什麼方法？」「爸爸跟妳講，妳每天睡覺以前，打開聯絡簿，看看哪一些作業要帶，哪一些東西要帶，妳放進書包的就馬上打勾，沒有打勾的，要趕快去處理好放進書包，保證妳那一覺可以睡得很甜。而妳養成這個好習慣之後，就不會被老師罵了。」女兒聽了之後很高興，也不會計較父親早上沒有為她送作業的事了。這樣老張既培養了女兒養成細心的好習慣，又樹立了自己既威嚴又慈愛的形象。

大多數人都同意，教育孩子要恩威並施，然而即使最親密的夫妻，對待教育孩子的觀點還是不能完全統一。在教育孩子時，夫妻還是事先商量好誰來扮白臉，誰來扮黑臉，搭配好才可以。不過還要注意，很多孩子都不想親近黑臉，只想黏著白臉，時間久了，容易讓孩子出現兩極化的行為。面對黑臉時萬事小心，面對白臉時又好像脫韁的野馬。所以黑臉、白臉要輪流扮演，也要彼此配合。如果能像上面的老張一樣，一個人把兩個角色都扮演好，那是最好的。

總之，要想讓孩子成為通情達理的人，不在於「嚴教」次數的多少與嚴厲的程度，關鍵是與孩子溝通好、方法得當，恩威並施，並恰到好處地運用！

放開雙手，讓「分公司」獨立成長

曾被譽為世界第一CEO的威爾許就說過：「有人告訴我，他一週工作九十小時以上。我對他說：『你完全錯了！請寫下二十件每週讓你忙碌九十小時的工作，進行仔細的審視。你將會發現，其中至少有十項工作是沒有意義或可以請人代勞的。』」一個聰明的CEO一定是一個懂得放手的CEO，他不會事無鉅細全自己攬上身，因為他懂得培養出合格的員工擔任工作。有時候，懂得放手才能給予員工一片天空，給他們成長必須的天空。

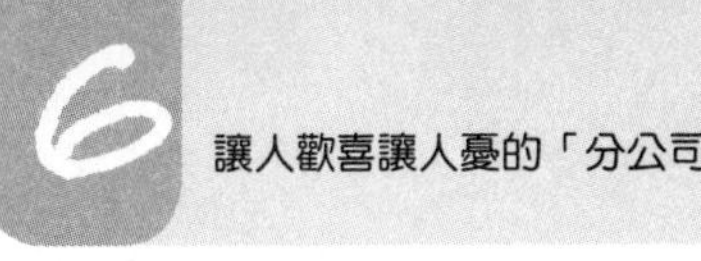

對於分公司，婚姻有限公司傾注了太多的心血和精力，也寄予了太多的希望，但是最終的目的還是希望分公司能夠獨立運作，闖出自己的一片天地。不少成功的企業家，他們有一個共同點，那就是他們的知人善用，能讓部屬各盡所能，充分發揮其才智。我認識一家大電器公司的董事長，他在談到人才問題時，曾說過：「我對一經任命的部屬，就放手讓他們施展才幹，有權處理管轄的一切工作，即使有所差錯，也不橫加指責；因為只要工作，錯誤是難免的。出了錯誤，他們自己必然會首先發現，因而也會自覺地反省檢查，以求改進。」這是因為一個人一旦被委以重任，一定會全力以赴，以回報上級對他的信任。俗話說：「士為知己者死！」被信任的人在工作中如果遭遇什麼困難，也會憑著自己智慧的判斷，解決問題。那麼，就從這一刻開始，放開雙手，讓分公司獨立成長吧！

孩子依賴大人，這是人類的一種天性。但是，孩子對父母的過度依賴，導致孩子獨立性的缺失和自我生存能力的弱化，父母的這種溺愛對於孩子的健康成長是無益的，是不可能讓孩子盡早成為一個獨立的個體的。

一個人在成長的過程中，會追尋到成功，但也有失敗和失誤，而且通常是經過無數次的失敗，才能獲得較大的成功。孩子的成長也是一樣，大人應放手讓孩子在他（她）生活的小範圍內自理，讓他（她）失敗、碰釘子，這樣孩子就會從失敗中汲取教訓而成長起來。如果從小一切都由父母包辦，孩子感到一切都可以依賴父母，形成一種「安全感」，那樣反而容易出大事。孩子過於依賴父母，久而久之，家長養成了一手包辦的習慣，凡事喜歡幫孩子拿主意，而孩子在家庭中的創造性、自主性由於長期受到壓制，逐漸也就養成遇事總想著讓家長扛的心態，即使長大了也是如此。當父母變成了老人，孩子長大成人依然依賴父母，成了「啃老族」。

中國的父母多喜歡自己的孩子聽話，好像聽話就是一切，聽話就是好孩子。而且不但要求孩子聽話，還喜歡為孩子包辦一切。這就是為什麼今天有的孩子進中學了，父母還要為他們收拾書包，送他們上車；有的孩子考上了大學，父母還要一直千里迢迢地送到學校，為兒女鋪好被褥，才肯離去。的確，一個溫馴聽話的人步入社會後，不容易與他人發生意見衝突，多半對上級百依百順，容易博得一些上司的歡心；尤其是女孩子，將來結婚後能聽從丈夫，可以當一個好妻子。但是，要求孩子聽話，實際上是使孩子喪失獨立性，而變成一個沒有責任感、不用頭腦、怯懦的人。當然，他（她）也許在某種特定的社會裡，可以做一個很好的工具。但是，當社會從封閉走向開放時，一個溫馴的工具是會被社會所淘汰的。

孩子能用自己的力量來完成自己的事情，這就是自立。透過這種自立，可以使性格獨立，進而培養出獨立性。一定要從小教育孩子獨立，放手讓他們勇敢地面對生活的挑戰和壓力。美國作家海明威有三個愛好伴隨他的一生——釣魚、打獵和讀書，而這些愛好都是他的父親為了建立他的獨立性而培養的，從他很小時，父親就經常帶著他外出，以鍛鍊他的個人能力。由此可見，培養孩子的獨立性要從小做起。

提高孩子動手的能力。在家中父母讓孩子做一些家事，對孩子的事情，一定要讓孩子自己辦。除此之外，家長在日常生活中還應多為孩子提供獨立做事的機會，如可以讓孩子到鄰居家借東西、到附近商店去買些小商品等。有時家長還可稍稍設置一些障礙，讓孩子啟動腦筋，自己想出解決問題的辦法，使孩子獲得透過自己的努力獨立完成某種事情的愉快心情。當然放手讓孩子做自己的事並不是放任不管。當孩子提出一些與自己能力不符的要求時，或者孩子做的事情具有危險性時，家長也不能過分遷就孩子，否則就會造成孩子任性、不聽話，以後還會不斷提出不合理要求。

對於孩子的交往方面，也要培養其獨立的意識。不少父母總是怕自己的孩子與別人交往時會吃虧，於是在孩子的各類社交活動上總是要參一腳。一次在街上看見一個小孩被人碰倒，孩子沒哭，家長已和碰他的人吵翻了天。孩子在外面受了委屈，家長不要馬上介入，而應讓孩子處理自己的心靈「傷口」。如果孩子表示無所謂，證明他（她）是堅強的。家長總以為呵護孩子是天經地義的責任，殊不知在孩子的世界裡，早就有一套他們自己的處事法則，家長捲入其中，不僅會把成人世界裡很多粗俗的東西帶進童真世界，還會成為不受孩子歡迎的人。如果孩子把家裡的東西拿去送人，或拿自己價值較高的物品去與人交換價值較低的物品，家長不能強行要孩子去把東西要回來，因為孩子不能失信於朋友。家長只能給孩子補上價值觀念這一課，讓他們今後注意。

有個心理學家做過一個分析和研究。他認為當被問及「你要喝什麼」時，回答「我想喝咖啡，不想喝紅茶」比回答「什麼都可以」的人，將來在社會上更有作為。因為他遇事都能有自己的主張，而且勇於表達出自己的主張。為了孩子日後可以獨立奮鬥在大千世界中，請放開雙手，讓他（她）獨立成長。

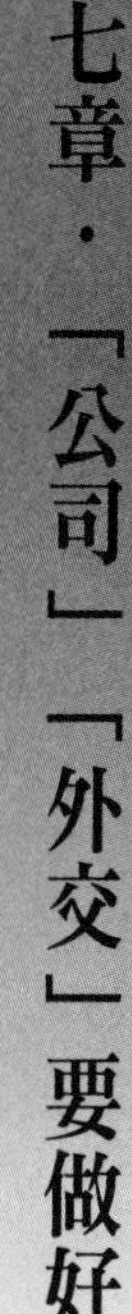

第七章‧「公司」「外交」要做好

公司可不是獨立存在的，外面還有許許多多的公司，相互交往是必然的。那要怎樣保持這既有競爭又有聯誼的關係呢？又如何在公司交往中佔盡先機呢？本章將給你完美答案。

用真誠打動人心

無論是公司外交，還是個人交往，真誠都是最重要的。真誠是什麼？真誠是友誼的樞紐，真誠是家庭的金鎖，真誠是人際交往之法寶。

巴爾扎克說過：「只有打算彼此開誠布公的人們，他們之間才能建立起心靈上的交流。」朋友要做到交心，沒有什麼比真誠更重要。真誠是人們交往的基礎。有了真誠，這朋友就可結交了。沒有了真誠，也許原來是朋友，自失去了真誠後，這朋友也就不可能再繼續做下去了。現代人的工作和生活都很緊張、快節奏，當缺少更多的時間去彼此瞭解的時候，人們就希望人與人的交往能夠在真誠的前提下發展、延續、持久。在現實生活中，人與人交往需要真誠，在高度發展的資訊化時代的虛擬世界裡，人與人的交往，同樣也需要真誠做為前提和基礎。

美國有位心理學家曾對學生做過一次有趣的測驗，他列出許多個描述人的個性特質的形容詞，如真誠、理

解、慎重、大膽、慷慨、忍耐、堅定、敵意、說謊等，結果評價最高的特質是真誠，評價最低的是說謊。毫無疑問，具備評價高的特質會提高一個人受人愛戴的可能性，反之，具有評價很低的特質就會減少這樣的可能性。

真誠是無私的奉獻，沒有任何的謀求回報的企圖。如果有了謀求回報的心理，那朋友是不會長久的，這種企圖回報的真誠，不是真正的真誠，帶有目的的所謂真誠是可恥的真誠，這種功利型的真誠，最終也許會一無所有。你付出你的真誠，別人就會回報給你真誠，真誠是相互給予，而不是索取。一個人要做到真誠不容易，一個人要做到一生真誠，更不容易。但是有毅力堅持一生真誠的人會是一個堅強的人，會是一個被人尊重的人。

真誠不是不假思索地將自己的感覺和想法說出來，不能把自己的觀點強加給別人。小張是個實在人，看到一個女同事的超短裙不好看，便脫口而出：「看看妳，腿又短又粗的人怎麼能穿這種裙子呢？」女同事臉上掛不住，鐵青著臉走了，弄得小張很不好意思，自己也變成了大紅臉。小張也許是真誠的，可是這樣的真誠恐怕誰也接受不了。真誠不等於直白、毫無遮攔地相互坦露，真誠還是要在善意和理智的基礎上來進行。

每個人都生活在一定的關係中，誰也避免不了在人際交往時傷害別人或者被別人傷害。但是要知道，大多數傷害是無意的，只要用一顆真誠的心來向對方道歉，對方也懷著一顆真誠的心來接受道歉，就會恢復良好的關係。有時候，我們會驚奇地發現，在真誠地向別人道歉之後，我們經常會收到同樣來自對方的歉意，這就是真誠送給你我的禮物。

彼此猜疑的友誼不能長久，幾乎是恆久不變的真理。在虛偽中浸泡久了，我們更渴望真誠的清流，也開始珍惜並看重真誠了。在真誠裡，我們可以讀到很多的東西，因為那是人性的光輝。人們在相互交往中感受著彼此的真誠，在這份真誠中，人們相互溫暖著。

工作上的夥伴如何交往

同事——工作上的夥伴，事業上的搭檔，是婚姻有限公司之外的同事關係。同事關係難以處理的原因是，同事畢竟是特定環境下的朋友，一方面基於事業需要齊心協力，但另一方面實質上又是對手和競爭者，彼此有著太多的利益上的衝突。該如何才能搞好關係呢？這個時候，家庭給你的幫助就起到很大的作用了。

辦公室是公事公辦的地方，絕對不是玩感情牌的好地方。上班的時間裡最好做到公私分明，不要摻雜太多的私人感情。私人感情不是不可以培養，但是最好是在下班之後。

和同事的相處一定要把握分寸，關係太遠不好，人家會認為你驕傲、清高、不合群、孤僻、不易交往，太近了也不好，容易讓別人說閒話，而且也容易令上司誤解，認定你是在搞職場政治。所以說，只有和同事們保持適當的距離，才能成為一個真正受歡迎的人。

良好的家庭環境會讓你在工作中無後顧之憂，全心的投入工作，同樣的，聰明理智的伴侶也會懂得在交往中為你加分，使你在上司和同事心目中留下好印象，因此，身為他（她）聰明的伴侶，你應該知道如何為你的另一半在工作中加分。

首先，你要懂得保持適當的距離。工作上的關係不同於生活中的夥伴，雖然真誠相待同樣是首要前提，但朋友與親人需要親近，同事相處則要有一定的距離意識，保持應有的心理邊界，可以避免麻煩和傷害，也保證我們不被侵犯。因此，身為伴侶的你，就更不要將私事帶入到對方的工作中去，也不要以為對方的公司是讓你好奇、打探和傳播的地方，這樣只會替對方帶來困擾。有些女性一旦在婚姻生活中受挫，往往喜歡到丈夫的公司找上司哭訴、尋求幫助，殊不知，這樣除了將自己的私事完全坦露給別人看之外，還給丈夫的上司留下了下屬妻子不懂事的印象，他更會覺得此人連家庭都照顧不好，那就很難在事業上心無雜念了。而對丈夫來說，自己的私事被公司的人知道了，難免會覺得丟了面子，說不定惱羞成怒，反而引得夫妻感情裂痕加深。所以，婚姻中的私事千萬不要拿到對方公司去說，這樣可能會得不償失。

其次，在與對方的同事交往時要有一個「度」。這個「度」就是說，要親切但不諂媚，自得但不高傲，既要讓人感覺到你的友善，但又不能太過刻意變得做作。在婚姻中，與另一半公司同事的來往是必不可少的，現在的公司都喜歡辦運動會或親子會等活動，來為員工提供交流的機會，這個時候對你來說，他們不像朋友那樣有共同的興趣和話題可以聊到一塊，但又不是陌生人讓你可以不用開口，所以，談一些常見而不會涉及太深的話題是最好的。如果都是年輕人，那不妨談談最近發生的新聞，如果雙方都是有孩子的人，那就更好引起共鳴了，孩子絕對是個可以讓雙方都滔滔不絕的話題。

舉止得體、言談優雅的伴侶，絕對能為自己在工作中的表現大大加分。君不見如今的首相出訪都一定會帶著伴侶嗎？為什麼？因為人們更樂意看到一個能夠兼顧家庭與事業的領導者。而或溫文或聰敏的伴侶，除了會讓人信服他們的好眼光之外，更會讓人覺得這位領導者是值得信任的。同樣的，一個公司領導者在審查下屬的工作能力時，有時候也會將他（她）挑選伴侶的眼光考察在內，畢竟一個家庭一團糟的人，很難讓人相信他（她）可以將公事處理得井井有條，所以，你的態度和表現，有時候也間接決定了你的伴侶在事業上的前途，千萬不可大意。

要知道，人的一生大部分時間都會花費在工作上，工作對我們影響重大，因此同事間的交往是無法迴避的。無論是誰都希望在公司裡擁有一個好的人際關係。和同事們和諧相處，建立一個良好的人際關係，這個時候，你應該努力做好，為伴侶加分，這也正是為你們自己的婚姻生活加分。

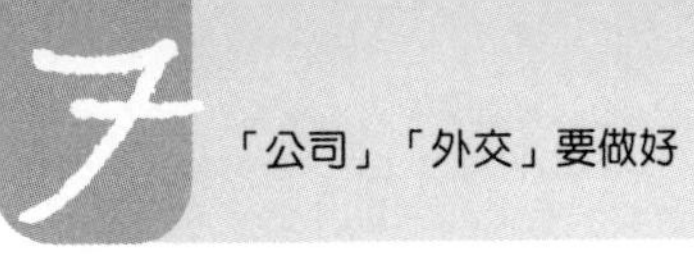

好鄰居，加強交流

婚姻有限公司無論在哪裡安營紮寨，都會有鄰居陪伴左右，抬頭不見低頭見。與鄰居公司的關係處得好壞，直接或間接的影響到了生活、工作和學習。

鄰居對於我們，是家庭生活與社會生活之間的重要樞紐。「遠親不如近鄰」這句古話，足以說明鄰里關係的重要性。記得我們小的時候，大部分住的是平房，有的人家有院牆，有的人家甚至連院牆都沒有，就算白天家中沒有人，基本上都是不用關門的，而且哪一家發生點事情的話，鄰居都能積極地給予幫助。為什麼？那就是因為有著彼此可以信任的鄰居，都說遠親不如近鄰，在你需要幫助的時候，能得到近鄰的幫助那感覺猶如雪中送炭般的溫暖。

其實現在的人們並不是不願意進行人際交往，而是一些客觀原因阻礙了他們與鄰居的交往。城市住屋的市場化改變了曾經的格局，客觀上增加了鄰居間的陌生程度；現代城市住屋單元樓式的布局設計，在空間上阻隔了人們的密切交往；沉重的工作壓力與日常生活的快節奏，在時間和交往機會上阻礙了人們的深入溝通；注重自我的觀念加強了人們生活的私密性，導致越來越多的人把家庭視為一個獨立的空間，不希望他人打擾自己的私生活等等，都造成了鄰里之間交往的困難，導致人們最希望的睦鄰友好成為很難做到的事。尤其是網路的普及，越來越多的人沉迷於虛擬的網路世界中，卻慢慢忘記了現實中的溝通，連和家人都沒時間溝通，更別提鄰居了。

其實改善鄰居關係的方法有很多，最直接的就是相互多串串門子，可以增進溝通，加深感情。王阿姨是個熱心腸的老年人，她常常去鄰居家串門子，鄰里關係十分和睦。她說：「我喜歡去鄰居家串門子，鄰居來我家串門子，我更是高興，這叫有來有往，感情益深。一天，有一位鄰居打電話問我有沒有時間，她想來我家串門子，我表示歡迎。可是她一進門就滿眼含淚，我嚇了一跳，忙問發生了什麼事。她說今天是她老伴去世五週年的忌日，心裡很難受，想找個人說說話。我誠懇地開導她，使她的心情逐漸平靜下來，終於破涕為笑，我也感到很高興。」鄰里之間串門子雖然好處很多，不過一定要注意，避開東家長、西家短的閒言閒語，多談些健康有益的話題。

改善鄰居關係的方法還有很多，不妨試試在樓梯間裡碰見陌生的鄰居時，微笑著說出第一句問候，或者說點「今天天氣真好」的話，這很可能會讓你有意外的收穫──多了一個朋友，或者在有困難的時候多出一個幫手。也許，鄰居不會成為你的至親好友，但是如果你真誠相待，避免過分猜疑和不信任，說不定就可以形成一種平時互不打擾、有事彼此幫助的新型鄰里關係。當然，最為重要的是，在和鄰里相處的時候，主要還是彼此的聯繫和走動，培養信任感情和愛心。只有從內心去關心鄰里才能得到別人的幫助。

如今我們已置身網際網路時代，網路正在為我們提供一個全新的交際平台。透過網路認識，成為網路朋友，網路正成為讓疏遠的鄰里關係變得融洽的途徑之一。不僅可以在網站上發社區的通知、資訊，更重要的是把原來冷漠的鄰居關係打破了，儘管網下不一定認識，但是在網上，都是友好睦鄰。中國人向來追求鄰里關係的和諧，在網路時代，網路為業主之間提供了一個全新的溝通載體，讓業主之間互相認識、互相交流。不過也要注意，如果單純的交流感情，網路還是無法完全取代傳統社區的鄰里溝通功能的，不能把網路交流當作改善鄰里關係的唯一途徑。

鄰里關係友好和睦，居住環境就寬鬆適宜、心情舒暢；反之，就會感到很彆扭。因此，我們每個人學會換位思考，多站在對方立場上，多設身處地為他人著想，多主動關心天天見面的鄰居，真正建構起互相體貼的、和睦快樂的居住環境。唯有如此，才談得上真正意義上的「安居」，才有利於自己更「樂業」。

人際交往，講究藝術

公司與公司之間的交往，也是講究藝術的。為什麼這家公司要選擇和你條件差不多的其他公司做為他們的合夥人而不選擇你的公司呢？有時候只是因為你們在言行舉止上帶給他們的感官不同。在交際中良好的表現會給你大大加分，對你的生活和事業都有正面作用。

而在這個世界上，真的是人貌似相同，其實各有不同。有的人性格外向，善於交際，有的人偏愛獨來獨往，讓人覺得清高、孤僻。但無論如何，擺在我們面前都有一個很實際的問題——我們不可能永遠只生活在自己的小天地裡。為此我們不得不去面對複雜多變的人際關係，怎樣與別人進行溝通，給別人留個好印象，使自己獲得更多的朋友呢？

首先，要學會多多讚美別人的小優點。任何人，包括那些地位低下的人和自卑感濃郁的人，都有令他們自己覺得自豪的地方，這些使他們沉醉的「閃光點」可能非常小，有些小得只有他（她）本人心裡清楚，有些甚至連他（她）本人也沒發現。稱讚小小優點，比誇獎人人皆知的優點更有效果。

其次，是要學會傾聽，如果你拒絕聆聽別人，就會使對方深深地感到自己並不重要，認為自己的確是可有可無的；而如果你細心、誠懇地聆聽別人，則會使他們覺得自己非常重要。聆聽越多，你就會變得越聰明，你掌握的資訊也就越多，就會被更多的人喜愛和接受，成為更好的談話夥伴。生活中沒有什麼比做一名聽眾能更有效地幫助你。一個好的聽眾一定會比一個善講者贏得更多的好感。這是因為，一個好的聽眾總能夠讓人們傾聽他們最喜歡的說話者——他們自己。一個十三歲的荷蘭移民小男孩，竟然成為了世界「第一等名人訪問者」，原來，他買了一套「美國名人傳說大全」，然後給這些名人寫信，請他們談談自己成為名人的有趣的事情，出人意料的是，他收到了許多名人的信，原來大人物們都喜歡善聽者勝於善談者。

而實際上，不光是大人物如此，所有人都一樣。任何人都會欣然接受別人的關心，都不會對關心自己的人產生反感。任何兩個人之間，如果可以馬上發現對方的微小變化，並且真誠道出，這樣的話，他們之間的感情肯定會越來越融洽。如果朋友遇到困難時應及時安慰或幫助他們。當他們跌入低谷時，打電話給他們。不論你朋友圈中的誰遇到麻煩時，立即與他通話，並主動提供幫助。這是表現支持的最好方式。

請儘量使別人意識到自身的重要性。請記住，你越使別人覺得自己重要，別人對你的回報就越多，而你在他心中也會變得重要。例如「張先生，我們很需要您的幫助，依您的經驗和能力，這個計畫就能早日成功」。又如「陳小姐，昨天的晚會妳怎麼沒參加，晚會上少了妳，真是太遺憾了」。每個人都渴望自己能成為一個重要人物，這是「愛面子」這種東方文化特性的基礎。沒有人願意自己被認為是可有可無的，誰都不願意被別人忽視或否定。別忘了，別人看待他（她）自己，跟你看待你自己一樣重要。

在你與別人交談時，如果你選擇他們最感興趣的話題，那麼他們就會更容易接受你。他們最感興趣的話題是什麼呢？是他們自己。如果你能把談論自己和使用「我」這個詞給你帶來的滿足感放棄掉，你的性格、你的魅力、你的影響力和號召力將會大大提高。的確，這是一件很難做的事，而且需要不斷的練習，但只要你付諸實踐，最終你會感到這樣做十分值得。另外，如果利用人們關心自己這一特點讓他們談論自己，你會發現，人們熱衷於談論自己勝過談論任何話題。如果你能巧妙地引導人們談論他們自己，他們就會非常喜歡你。請記住這樣一個事實：你是否對談話感興趣並不重要，重要的是你的聽眾是否對談話感興趣。因此，當你與別人談話時，請談論對方，並且巧妙地引導對方談論他們自己，這樣你就可以成為一名很受歡迎的談話夥伴。這一技巧是極為實用有效的，是我們與別人建立良好人際關係的開端。相信你一旦從引導對方談論他們自己開始與人交往，你就會擁有越來越多的朋友。

當你犯錯時，要勇於承認。一般人通常在犯了錯的情況下會說謊，會否認或狡辯，但無論何時如果你犯了錯誤，一定要勇敢地說「我錯了，請原諒」、「對不起，這是我的失

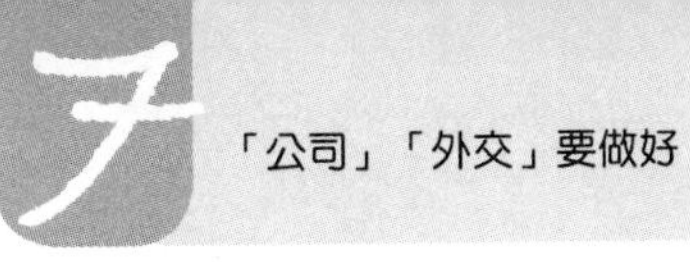

誤」等等。承認錯誤是需要很大勇氣的，但人們一定會對一個勇於承認錯誤的人刮目相看，人們也會認可或諒解你的做法，進而提高你的形象。

交往是雙方的事情，存在著相互適應的問題。自己單純的去迎合別人或者要求別人對自己百依百順，都不會獲得真正的友誼。我們不僅要有自己的個性，讓人真正感受到你的人格魅力，還要能夠設身處地的為他人著想。與人相處最重要是理解與信任，只有相互理解、相互信任，人與人的交往才能維繫下去。

與其他公司金錢來往要謹慎

婚姻有限公司與別的公司相互交往中，金錢話題是不得不涉及的。但是金錢是個玄妙的東西，如果處理不好，很可能就會破壞公司之間的友誼關係。

很多人都將朋友與金錢做嚴格的劃分，有人說「朋友之間做什麼都行，就是別提錢」，甚至於還有「寧借老婆不借錢」一說。當然，老婆也是不會借，只是將借老婆與借金錢同日而語、相提並論而已，以示借錢之難罷了。況且很多事實告訴人們，要想把朋友關係維持得久一些，最好不要牽扯到金錢。一旦涉及到錢，朋友之間的關係就難免出現了雜質，更嚴重的會徹底破壞了這種關係。

當然，如果朋友的確陷入了困境，那麼做為朋友的你，付出僅有的信任和鼓勵是不夠的，還是要付出具體的、實際的幫助，否則交朋友是為了什麼！但是需要注意的是，絕不能因為幫助朋友，而把朋友身上的負擔轉移到自己身上，進而變成了自己的負擔。這是用金錢幫助朋友的一個原則。

在一個農舍裡，有一頭牛和一匹白馬，牛負責幹農活，每天都十分辛苦，白馬則是主人的坐騎，只在主人外出的時候才會出去跑一趟。牛覺得非常哀怨，對牠的朋友白馬說：「馬兄弟啊，你是我的好朋友。但我從早到晚都要這麼辛苦地拉犁耕田：無論天氣有多熱，無論我的雙腿有多麼累，無論我頸上的牛軛如何磨破我脖子的皮，我都不得不辛苦地工作。而你倒是生來悠閒，你每天什麼事也不用做，只要載著主人到他想去的地方就可以了。如果主人今天不想出去，你就可以休息一整天，舒舒服服地享用青草。」白馬儘管不完全同意牛的這種說法，但牠仍然非常同情牛的境遇，而且牠一直都認為自己是公牛的好朋友，於是牠回答：「我的朋友，你的工作的確非常辛勞，我完全願意替你分憂解勞。因此我要教你如何偷得一日閒的辦法。明天早上，主人的奴隸要牽你去拉犁時，你就躺在地上，並且痛苦地吼叫，這樣他就可能會以為你生病了，因而無法上工。」於是公牛採納了白馬的建議，第二天開始裝病。主人只好讓白馬去做牛的工作。只顧著幫助朋友的白馬這才發現，牠自己將被迫一整天都得替公牛做分內的事情。白馬幹了一天，十分疲憊。到了晚上，公牛先開口了，牠說：「馬兄弟，你真是我的好朋友。因為你聰明的辦法使我休息了一整天，而且還享受了上好的青草。明天我還想休息一天。」白馬聽了十分生氣，說道：「我太天真了，幫助了朋友，卻反而害得自己替朋友勞碌。我再也不會這樣做了。」結果第二天，白馬也裝病不起來了，牛只好又去做牠的工作。此後，這對好朋友再也沒有跟彼此說過一句話——這件事讓牠們彼此有了隔閡。

朋友之間相互幫助是天經地義的，但錢財方面的來往還是謹慎為妙，因為，自古以來為了金錢朋友之間反目成仇的例子太多了。如果實在要進行金錢來往的話，前提必須是他們都是擁有自尊、值得信賴的人，這樣有三種人可以借給他錢——擁有的財富超過其所借款項的人；擁有持續而穩定收入的人；有抵押品或可靠擔保的人。還有三種人是不能借錢的：陷入苦悶、麻煩不斷的人；欠缺知識、經驗和能力的人；債台高築無

力償還的人。有了這些謹慎的提醒外，假如把錢借給朋友，還要做好「錢回不來了」的心理準備，免得屆時著急上火。

其實，幫助朋友未必非得採用金錢這種方式，仔細詢問一下朋友面臨的困難。如果他（她）不是你很要好的朋友，你覺得沒必要找他（她）談話的話，那面臨的將是他（她）跟你說絕交。如果他（她）是你很要好的朋友，你又真心希望幫他（她），那不妨找他（她）談談，瞭解一下他（她）用錢的原因，一起努力把這些困難都解決，這樣從根本上幫助了朋友，又能避免與朋友的金錢來往。

如果你是想向朋友借錢的角色，那麼也要謹慎考慮。能靠自己就不去尋求朋友的幫忙，自立自強才是王道。實在是撐不下去要找朋友借錢，而朋友不願借錢時，要採取寬容的態度，畢竟家家有本難唸的經，沒有誰規定在需要的時候朋友必須幫忙的。每個人都有自己的生活，要理解別人的苦衷。有人幫你，是你的幸運，沒人幫你，是公正的命運！如果朋友借錢給你，即使是一百、兩百元的小額款項，也要嚴格遵守期限和約定的日期，盡快還款。

誰的人生不用金錢來鋪墊？誰的人生不會因為金錢而苦惱呢？沒有，也不會有的。朋友是什麼，是在自己困難時不離不棄鼓勵自己幫助自己的那個人，是無論有多困難都會陪你走下去的那個人，是不會因為金錢而拋棄你的那個人。謹慎對待你的朋友吧！

第八章．防止「跳槽」有絕招

在職場中，跳槽是很平常的事情，但是在婚姻有限公司，這是絕對被禁止的現象！一旦有人跳槽，就意謂著公司面臨破產危機。但是人的感情是不能被一些條文所控制的，所以要防止跳槽，就要從點點滴滴做起。有一些絕招，可以幫助婚姻有限公司度過危機。

員工跳槽前的小動作

如果有職員不滿意現狀，想跳槽走人的話，為了保險起見，大多數都會找好下一家公司才會辭職。而婚姻有限公司中也是如此，大多數的婚姻破裂，都是因為有了新的目標對象。

在婚姻公司中，男人跳槽的可能性更大。男人出軌，一般都是對現有狀況不滿，比如妻子讓自己的丈夫覺得所付出的太多，而得到的回報太少，那麼男人往往就會覺得很累，久而久之就會失去和妻子在一起的欲望，這就如同沒人願意待在一個加班無極限，卻又沒有任何回報的公司裡一樣，所以，女人要讓男人感受到他們的付出是有價值的，這樣才能保持婚姻的持久。但問題是，很多女人從來就沒有意識到，丈夫出軌和自己有什麼關係，只認準一個理——男人沒一個好東西，吃了蛋糕想吃比薩。大吵大鬧或者調查男人，只會為兩個人本已經脆弱的情感加了一層霜。

其實，完全可以不用這樣。如果妳是一位冰雪聰明的妻子，根本不用虎視眈眈，整天一副狼來了的緊張架勢。一個有了二心的員工在想跳槽之前，必然會心不在焉，一個男人在想出軌之前，在生活的細節上總會留下蛛絲馬跡，儘管他會盡力去掩飾，但如果妳心細如絲，那麼還是可以察覺到的。在婚姻還未亮起紅燈時，及時調整經營理念，以減少雙方不必要的虧損。

跳槽前奏１：男人突然間轉變對妳的態度

原本脾氣暴躁的他，平時對妳或許有些冷淡，卻在短時間內突然大改作風，對妳百依百順，或者連平時最厭惡陪妳逛商場現在也欣然前往，並表現出津津樂道的樣子，更甚者為妳大方出手，平時幾百元的裙子都捨不得買給妳，突然買給妳上千元的奢侈品，這時候親愛的妳不要盲目被眼前的美景沖昏了頭，如果不是特殊的日子，或者對方經濟上升或事業上有突然的變故，妳就要多加留心了。就像是生意場上人們都明白的一個道理，巨大的利益誘惑背後可能藏著某種潛在的陷阱，業績的突然暴增，很可能是某些人員欲蓋彌彰的一種手段，這時候的妳就應該精查帳目，確定如此明顯的業績增長來源，以做好下一步應對工作。

跳槽前奏２：支出猛增

一個公司要想贏得新的客戶，產品和服務要有一定的優勢是必不可少的，同時，業務員與客戶搞好關係也尤為重要，這時，請客送禮是家常便飯，公司財務為此也單獨立了個業務費的費用支出。但公司對業務支出控制的非常嚴格，如果業務員在短時間內業務費用猛增，公司一定會進行相對的查詢。婚姻中也是一樣的，男人一旦另有傾心，必然會為贏得美人芳心下一番功夫，鮮花、首飾博美人一笑，餐廳等高級娛樂場所也會出入頻繁。當今社會男人為贏得美人歸，大方出手香車、洋房也不算新鮮。這些都是少了金錢做後盾所不能辦到的。所以當男人支出突然增加，往往都是危險的信號，這時候細心的妳就應該注意了。

跳槽前奏3：應酬繁忙或出差頻繁

最近一段時期，丈夫突然變得應酬多起來，或者時常加班，經常三更半夜才回家，即使在家也往往電話不斷，接電話時也對妳有意避諱，妳偶然問起是誰，他往往措辭閃爍，支支吾吾，用客戶或者朋友搪塞一下，然後轉移話題。或者原本很少出差的他，突然最近兩個月經常出差，而且每次出差都比較急，之前都沒有聽他和妳提起，這時候妳就要多加留心了，往往這些都是婚姻危機的前奏。

跳槽前奏4：注重外包裝

參加重要會議前，人們往往會穿戴整齊，在外在形象上給人一種說服力，以博得客戶認可，即使平時邋遢的人，也會稍加修飾，男人要取悅心儀的對象，往往也會在外表上多下功夫。以前不拘小節的他，突然會在意今天穿著哪件西裝、怎樣的襯衫，連領帶也精心挑選，甚至連抽什麼牌子的香菸也變得挑剔起來。同時，他開始在意起妳對他外表的評價，以前總是你催著他刮鬍子，現在突然自覺了，還會把頭髮整個造型出來，這簡直被妳看作是奇蹟了，當妳不經意地問起：「最近開始臭美了啊？」他會緊張得有些語無倫次，忙著掩飾，還會很快岔開話題。當妳驚訝於他的改變時，千萬不要忽略了他是否是為妳改變，有句話說是：「士為知己者死，女為悅己者容。」用在男人身上同樣適用。

跳槽前奏5：性生活頻率降低或品質下降

一般夫妻性生活大多保持在每週兩到三次，在不同生理週期有所增減，新婚燕爾可能會更頻繁些，中年夫婦略微少些。不管怎樣，性生活都是夫妻生活中必不可少的調和劑，性生活的品質直接影響夫妻的感情。如果一直以來你們性生活都比較和諧，最近一段時期他卻以工作勞累或身體不適拒絕妳的床第之歡，每次到家不是醉醺醺倒頭就睡，就是對著電腦打遊戲，對妳的暗送秋波視而不見，以前的柔情萬種也變成了例行公事，敷衍至極，這時，妳就該提高警覺了，男人的出軌往往是從對妻子身體的厭倦開始。

以上幾種情況，雖不能百分之百證明他確實有外遇，但是，如果有上述現象，身為妻子的妳，要格外注意了。如何消除你們婚姻之中的危機，如何挽回丈夫漸漸淡漠的情感和心靈，如何讓婚姻進入第二次蜜月期，是妳必須做的事。

分析跳槽的真正原因

員工要跳槽，婚姻有限公司首先要自我檢查一下公司的運行情況和執行制度是否有漏洞，冷靜地分析員工跳槽的真正原因，然後再採取行動來挽留職工。

小青與老公結婚三年了，剛開始的甜蜜逐漸退去，她已經感到老公的心有些搖擺。有一天，丈夫又很晚都還沒有回來，小青給他的好哥兒們打電話，回答是沒有在一起。等到半夜，丈夫回來了，對小青說，好哥兒們失戀了，陪他喝了幾杯。小青面無表情地說：「剛才他來過電話。」小青已經感覺到了另一個女人的存在，但想讓丈夫自己說。丈夫原原本本地告訴了小青她想知道的一切，並懇求她原諒。那一刻，小青壓抑的情緒再次爆發出來，她摔碎了一只水晶花瓶，而丈夫靜靜地看著，痛苦至極。較之大多數女人，小青是理性的，她還愛著丈夫，於是她理智地與他坐下來談了整整一晚。起初，全是丈夫在懺悔，漸漸地兩人都談到了自己的問題。小青這才發現，自己太過於投入工作，很少關心丈夫的感受，他們的溝通也是少之又少，缺乏親密的交流。比如那次拖地，當丈夫從身後摟住小青時，她卻不耐煩地推開他說：「都結婚幾年了，還來這一套！」當丈夫想和她出去散步時，她卻說沒時間，轉身又去忙工作了……談了一夜之後，天亮的時候，小青與丈夫彷彿脫胎換骨一般。

理智地找出夫妻危機的原因，這一點挽救了小青的婚姻。從那以後，小青與丈夫可以討論任何問題，出軌事件自然被放在了一邊。

「冰凍三尺非一日之寒」，造成夫妻危機也不是一朝一夕的矛盾，而是日積月累的一些事情，正是夫妻之間的危機把其中的一方逼走，去尋找新的寄託。所以需要好好分析一下夫妻之間的矛盾，從根本上解決問題。經過分析，造成夫妻感情危機的原因大致有以下幾種：

首先，家庭的經濟收入和支配問題往往成為夫妻矛盾的誘因。意見相左再加互不遷就往往會爆發家庭戰役，長此以往必然影響夫妻之間的感情，甚至走到婚姻的盡頭，這是任何一對夫妻都不願意看到的結局。

其實不一定是在於錢的數量多寡，更主要的是夫妻雙方對金錢所持的態度，及如何支配的問題。「貧賤夫妻百事哀」，如果經濟的壓力太大，這對夫妻也就很難有其他精力鞏固婚姻。現在社會上，男人的職責仍是被定型在供養家庭，如果他因為種種原因無法做到這一點，這男人九成九會出問題，可能是情緒上的，甚至是心理上的。

另外，在家裡夫妻雙方無法在開支上達到共識，也是引起夫妻矛盾的一個主要方面。或者丈夫認為妻子是個購物狂，衣服買了一大堆簡直無法忍受，妻子也認為你沒必要在登山上開銷那麼大，那些帳篷之類的東西，一年也派不上幾次用場，還要佔據房間的一部分空間，雙方心裡都會覺得不舒服。其實換過來思考一下，雙方各讓一步，本來現在社會壓力就比較大，如果這種方式能夠緩解釋放壓力，儘管是些不必要的開支，但使對方得到精神上的滿足感，只要別太過分，又有什麼不可以呢？如果雙方總是因為錢的事情鬧得不愉快，勢必會影響夫妻的感情，當甜蜜去而不復返，留下的只是落寞時，你還會在意存摺上的數目嗎？還是多儲存一些愛情更划得來些，不是嗎？一家當中，無論是誰掌握家中的財務大權，都要學會理財，合理的分配資金，一些較大的開支要雙方同意，遇到意見不統一時，要權衡利弊，儘量減少不必要的爭吵，或者多聽聽對方的意見，你會有意想不到的收穫。為了讓你的家庭能夠不斷盈利，試著做個會理財的家庭財務總管吧！

第三，個性太強導致夫妻衝突。每個人都有自己的性格，或是活潑開朗，或是沉默寡言，或是熱情奔放，或是冷靜沉穩，還有含蓄靦腆、孤僻固執、溫和謙遜、輕狂暴躁等等。好的性格可以使你無論在事業上還是在交際中，順風順水，暢通無阻，相反個性太強，往往給人一種難以接觸的感覺，還會遇到些不必要的麻煩。在夫妻生活中同樣如此，如果個性太強，往往不能和情人很好的融合。這就要求你首先要清楚認識自身性格上的缺陷，試著去正視它。脾氣暴躁的盡力地克制衝動，少言寡語的試著多和情人溝通與交流，或許就會減少家庭的矛盾。記得有個很恰當的比喻，把兩個人的愛情比作兩隻刺蝟的擁抱，兩隻刺蝟想要互相取暖，彼此依偎，必須要各自拔掉靠近對方的一半身體上的刺，只有這樣才能依偎得更緊，也不會刺傷到對方，儘管當你拔掉自己身上的刺時會非常的疼痛，但為了兩個人的幸福，為了一個家庭的和睦，雙方各做出些犧牲是值得的。

家人關係處理不好，同樣影響夫妻感情。兩個人從陌生人到走在一起到結為夫妻，不單單是兩個人的結合，更意謂著兩個家庭的結合。你（妳）嫁給（娶到）的不僅僅是你（妳）的情人，還包括他（她）的整個家庭，包括他（她）的父母兄弟、姑舅姨叔，如果你（妳）不能和他們保持融洽的關係，勢必會對你們的夫妻感情造成一定的影響。首先是對待雙方父母要一視同仁，你（妳）的父母養育你（妳）成人，孝敬自然理所應當，但愛人的父母也是一樣，沒有他們含辛茹苦帶大你（妳）的情人，又怎麼會有你們現在的幸福生活呢？雙方要沒有私心，共同為了整個家庭的和睦努力。我有個朋友和她的丈夫雙方家裡條件都不是很好，但兩個人都屬於顧家的類型，千方百計多照顧自己的家人，像公司發的福利金，都背著情人偷偷拿回自己家。到頭來就成了各顧各家，完全忽略了現在的家庭，兩個人也因為孝敬問題互相猜忌，甚至爭吵，夫妻感情也因此淡薄了許多。話說兩個人孝敬老人都沒有錯，只是方式出了問題，如果換個方式，互相孝敬對方的父母，效果將大不相同。另外，和親戚、朋友的關係也是應該注意的一個方面，也就是在遇到事情時，不要隱瞞對方，夫妻雙方儘量透過商量溝通，一起決定，這樣不僅會使兩家關係融洽，同樣也會增進夫妻間的感情。

誠實和相互信任對於夫妻關係尤為重要。誠實是一種美德，在社會中能夠給你帶來很多的朋友和財富，在夫妻關係中也是保持夫妻和睦的一個重要因素。兩個人在一起就應該彼此信任，怎樣才能使雙方彼此信任呢？這就要求兩個人都能夠誠實的面對對方，只有雙方坦誠相待，才能使婚姻少一些猜忌，多一些理解和支持，才能使夫妻感情穩固和諧。當今社會都很強調個人隱私，夫妻間當然也會有屬於自己的個人空間，如果過度的干涉窺探情人的隱私，就會影響兩個人的相處。當然，也不能利用對方的信任，做一些有損夫妻感情的事。

和諧的性生活，長久以來一直是被忽視的重要原因。性生活是婚姻中很重要的一個組成部分，它不僅僅是指性行為，還包括婚姻生活中所有的身體接觸和肢體語言，這都是會造成性生活不和諧乃至生活不和諧的重要因素。雙方可以透過正規途徑獲取性知識，減少對對方不必要的傷害，比如丈夫忽略了妻子的感受，動作粗暴往往會造成妻子對性生活的排斥心理，久而久之就會形成性冷感，還會很容易使妻子患上一些婦科疾病，嚴重的可能影響到生育。在雙方沒有計畫要生小孩時，要做好必要的避孕措施，以減少意外懷孕對妻子身體造成不必要的傷害。夫妻在行房事前，應有充分的前戲，比如親吻和愛撫，做愛時應該多一些交流，多顧及對方的感受，儘量避免在生理不適時行房事。同樣，性生活也不能過於頻繁，對身體也會產生不良影響。另外很多老夫老妻，往往把房事當作例行公事，千篇一律，也會形成性疲勞。可以適當的給性生活注入新鮮元素，比如妻子可以嘗試穿著性感一些的睡衣，或把家裡佈置得有情調一些等等，都對性生活有促進作用。另外，當夫妻間鬧口角時，當另一方主動提出性要求時，切記不要冷面相向，往往這時候他（她）是想向你（妳）發出一個和解的信號，俗話說夫妻床頭吵床尾合，床上的交流往往會使緊張的關係變得明朗起來。

缺乏親密的交流。很多人都會覺得戀愛時兩個人非常甜蜜，反而結婚後會變得有些隔閡。當然相處時間久了，雙方缺點都暴露出來了佔有一定原因，但雙方的溝通與交流少了也佔有很重的比重。很多人會感嘆，越來越不瞭解對方了，其實就是夫妻間溝通出現了問題。兩個人都忙於自己的工作，朝九晚五的工作佔去一天的大部分時間，晚上拖著疲倦的身體回來，還要做瑣碎的家事，自然雙方交流的時間就變得非常缺乏，這樣往往忽略了對方的感受，久而久之，就會使夫妻感情出現裂痕。另外，很多女性由於孩子的原因，或者丈夫能力較強可以獨立支撐家庭經濟，放棄工作而變成了相夫教子的家庭主婦，和社會脫離時間久了，自然與丈夫共同語言減少，交流起來也會形成一定的障礙。這時候就需要你每天抽出些時間，多瞭解社會要聞，把用在對丈夫猜疑的時間換成充實自己的時間，學習一些自己感興趣的東西，才能使自己跟上時代變遷的步伐，同時減少夫妻間的距離，也就減少了婚姻破碎的機率。

爭吵是婚姻最大的殺手。有句俗話說，小倆口過日子，哪兒有馬勺碰不到鍋沿兒的。說的就是夫妻長久生活在一起，難免會碰到意見相左、吵架的時候。但吵架如果頻率過高，勢必會影響夫妻關係，三天一大吵，兩天一小吵，夫妻之間的感情就在這每天的爭吵中一點點流逝了。這就需要雙方互相諒解，遇事不要過於衝動，爭吵不僅不能解決問題的，還會把問題搞得更糟糕。另外爭吵最忌諱的就是翻舊帳，往往兩個人一吵架，陳芝麻爛穀子的事情都會跟著跑出來，明明是一件小事，最後吵得兩個人不可開交。還有的夫妻吵完架往往會冷戰幾天，甚至半個月。冷戰也是非常危險的，很多時候都是夫妻冷戰期間，第三者趁虛而入，最後導致夫妻關係破裂，好好的一個家走向了終點。有句話說吵架就像風吹帽，講的就是夫妻吵架的藝術，就是說吵架要像風吹帽似的，一掃即過，不涉及過往也不要事後冷戰。有時候夫妻吵架也是增進感情的一種途徑，輕微的爭吵可以讓雙方釋放積壓在心裡的壓力，另外也可以把自己的感受傾訴給對方，但只有這樣才不會使夫妻感情受到影響，也不會給第三者留有機會。

以上分析的家庭危機原因只是具有普遍性的，也許並不符合你的家庭，畢竟許多家庭存在著各式各樣的矛盾或原因，但是你可以學到最重要的一點是，面臨夫妻危機，先進行理性分析才是解決問題的第一步。

盤存愛情存量資產

盤存愛情存量資產，這是激發婚姻有限公司內在活力的有效措施。婚姻有限公司疲軟運行，負債經營，員工跳槽，瀕臨破產，這應當引起合夥人的高度重視。解困的有效措施，是把愛情的存量資產盤存，充分利用它的自身價值，以改善經營狀況，獲得最大的愛情效益，使婚姻公司轉虧為盈，走出困境。

任何一種投資都存在風險，婚姻也是一樣，經營婚姻公司也會有虧損的時候，越是這個時候越需要兩個人做出理智的決策，一旦決策失誤，很可能會導致公司破產。但不一定每一次虧損，都會導致破產，這就首先需要你在虧損前多儲存些資產，足以應對未來叵測的金融危機。其次當危機已經出現時，更需要你冷靜下來，正確地判斷這次危機的嚴重級別，是否到了破產的程度。如果還有挽救的機會，需要你付出多大的努力，相信不到萬不得已，任何一個人也不願意眼睜睜看著自己苦心經營的公司倒閉破產，因為婚姻公司是一個整體，它的解體是兩敗俱傷，給雙方都會帶來不同程度的傷害，當危機產生時，應該盡力去挽救，儘管是亡羊補牢，但也是為時不晚的。

兩個人創建一個婚姻公司不容易，要公司能夠正常運轉更不容易，在正常運轉同時做到獲得盈利就更是難上加難了。兩個人雖然組建了公司，成為一個整體，但在整體中仍然是獨立的個體，由於兩個人的成長經歷、個人價值觀以及生活方式、脾氣秉性等等，必然會導致一定的分歧產生。在分歧產生時，要學會換位思考，試著站在對方的角度思考，嘗試去包容和理解對方。記得一篇文章說，女人無法忍受自己丈夫的懶惰，下班一回家就看電視，自己在廚房忙得不可開交，他也不幫忙，於是和丈夫大吵一架跑回娘家。一推門，看見母親在廚房裡包餃子，而父親卻在悠閒地看著報紙，嘴裡還哼著小曲，於是生氣地衝著母親喊道：「我爸都是您慣的，什麼都不做，就等著吃！」父親只是笑笑不語，母親親切地問道：「又和老公吵架了吧？兩個人過日子，妳就要疼他，妳疼他他也會疼妳，兩個人要互相疼！」母親對父親的懶惰不僅不生氣反而替父親辯解道：「妳爸就是不喜歡進廚房，但是家裡家外的事，他也操不少心，我不喜歡到銀行排隊，電費、電話費不都是妳爸去跑！換個燈泡、修個東西的，不都是妳爸忙裡忙外的，他不喜歡做飯，又何必勉強呢？」是啊！正是父母親的相互理解，才能牽手看夕陽，如果你（妳）也想婚姻能夠和諧長久，就請試著多去理解包容一下他（她）吧！

中國有句俗話：「床邊爭吵床邊休。」兩個人在朝夕相處時，難免會有口舌之爭，如果我們任由這種憤怒的情緒蔓延，那麼它會像一把雙刃劍，刺傷對方的同時也傷到了自己。白天在不愉快的爭吵之後，晚上總歸還得同榻而臥，免不了都會後悔白天的衝動，這時只要有一方主動化解矛盾，用手輕擁住另一個人，那麼自是一拍即合，爭吵也就化於無形。親近，會使雙方感到衝突並未使兩人的心分開；使雙方從反思中獲得更深層的瞭解；使愛情的基礎更牢固；使夫妻在感情上更趨融洽、和諧。

重新建立信任感。兩個人在一起，互相信任是尤為重要的，不僅可以減少不必要的矛盾，更能促進夫妻感情。由於夫妻間一方的不忠導致婚姻危機，即使危機過去了，但往往會留下猜忌的後遺症，有句俗語說：「一朝被蛇咬，十年怕草繩。」說的就是這個道理。夫妻一方的出軌必然會給另一方造成心理上和精神上極大的傷害，即便傷口癒合了，也會留下一道抹不去的疤痕。受傷害的一方為了預防再次受到傷害，必然如履薄冰，往往草木皆兵，這樣反而會使剛剛回溫的婚姻再次步入僵局，使雙方都生活得很累。這個時候千萬不要一味譴責或是冷言以對，時常用諷刺的口吻提及出軌之事，使原本緩和的氣氛變得尷尬起來。這種情況下，就需要夫妻倆共同做出努力，重構信任感，以重新獲得對方信任。多做增進感情的事情，多說關心對方的話語。讓對方感到快樂和幸福。

談到她與丈夫的感情危機，張女士是這樣做的：「以後的日子裡，面對同事和鄰居們複雜的目光，我裝作什麼也不知道的樣子，一如既往地上班、帶孩子、做家事。女友依然來，我熱情如故。不管家事多忙多累，我會在丈夫看書的時候給他送上一杯熱茶；在他寫論文寫到深夜時，我會為他做愛吃的點心，還悄悄地從後面摟著他，給他一個甜甜的吻；也會在星期天丟下一屋子亂七八糟的東西，和丈夫帶女兒去公園瘋玩一天，回家後丈夫就會高興地幫我做家事，雖然常常是越幫越忙……不知不覺中，那個『女友』悄然隱退。家庭又恢復以往的甜蜜與溫馨。」

離婚實在是要提上日程的時候，「試離婚」可做為最後一記回春妙藥。或許你覺得這個詞有些新鮮，但試婚這個詞大部分人應該感到不新鮮了吧！試婚是指兩個人在沒有結婚之前，先共同生活一段時間，因為當兩個人真正在一起時，雙方的缺點才會暴露出來，這時候你再衡量一下，他是不是你要找的歸宿，兩個人一旦結婚會不會幸福。同樣試離婚也是一樣的，是指夫妻雙方為感情或其他因素，婚姻上出現了危機但仍有挽救希望的時候，在夫妻雙方都同意離婚的情況下，暫且延後辦理離婚手續，只是在生活上先「離」一段時間，使兩個人在婚姻的殿堂內體驗一下沒有婚姻的獨立生活方式，使雙方能夠冷靜地對之前的婚姻生活做一個深刻的反省，對另一半進行重新認識。給你們的婚姻一個黃色地帶，一個緩衝期，等雙方都冷靜思考完了，斟酌再三後再重新做出決定，是重新牽手還是分道揚鑣。

在離婚率高居不下的今天，「試離婚」也不失為一顆婚姻的的還魂丹。試離婚無疑是對婚姻生活進行一次大規模的檢修，兩個人的婚姻走到今天，面對這樣的局面，雙方都是有很大責任的，一個巴掌拍不響，兩個人都應該進行深刻反省，多找找自身在這段婚姻中犯下的錯誤，面對自己的錯誤該如何拯救你們的婚姻。既然是試離婚，雖然初衷和願望是為了修補挽救婚姻，但畢竟是處在離婚邊緣的最後嘗試，所以要牢牢抓住這最後的一次機會，否則接下來只能是真正的離婚。

婚姻的失敗就像一個美麗瓷瓶的破碎，最初往往只是一條很細小的裂痕，但因為我們的疏忽和大意，沒有對它進行及時有效的修補，這條裂痕會慢慢地擴大，終於有一天，它無可挽回的碎裂了，但這時我們已經無力回天了。因此，我們要做一個善於修補婚姻的人，時常對婚姻進行修補，讓夫妻間的諸如分歧、誤會、隔閡、猜疑、傷害等等小裂痕及時發現、及時修補，讓我們對婚姻多一點細心和珍視，對情人多一份寬容和熱情，對婚姻的和美多一些關注和投入。有時向對方低個頭，說幾句溫馨的話，做一件讓人感動的事，兩人的冷戰和衝突會立即化為玉帛，家中會重新飄出和諧美滿的音符。

自始至終，不出現幾道裂縫或者傷痕的婚姻總是很少。家中偶爾會有一些或大或小的「戰爭」、一些或輕或重的傷害、一些或真或假的敵視，這都不要緊，如果我們能用心地去修補一番，一次傾心的交流、一句誠懇的道歉、給流淚的她遞一條毛巾，給賭氣的他做一桌好菜，家裡的烏雲就會立即煙消雲散，各自退一步，便海闊天空，相信真誠和時間總會把這些疤痕打磨成最初光滑無瑕的樣子。也許，我們並不害怕婚姻出現裂縫，而是擔心出現裂縫時，我們會因為粗心麻痺或者冷漠與輕視，這種無動於衷靜觀其變的消極態度，可能最終會釀成婚姻無法挽回的玉碎。

提高員工魅力指數

有員工想離開婚姻有限公司而投奔其他公司，這其中的原因有很多，夫妻雙方的吸引力消失也算是一個很重要的原因。要避開婚姻有限公司的危機，夫妻雙方需要提升本身的吸引力，不斷創造新鮮感，給合夥人一種好的心理感覺。

大部分女性，往往會在單身或戀愛的時候非常注重自己的外表，在約會前往往會精心打扮一番，言行舉止也會比較文雅，但步入婚姻的殿堂，度過幾年平淡的婚姻生活後，漸漸繁忙的工作以及瑣碎家事的糾纏，就會使女人的愛美之心也隨著歲月流逝了。當一雙原本細膩光滑的纖纖玉指被生活歷練得粗糙起來，當一張原本白皙粉嫩的容顏在時間的打磨中顯出黯淡滄桑時，當原本曼妙的身姿隨著光陰的流轉變得臃腫走樣時，當繁忙的家事霸佔了妳修飾美麗的時間，甚至忘記了在穿衣鏡前搭配衣著的感覺，偶然望去鏡子裡的自己，不禁也會詫異現在的自己，對自己的形象感到些許慚愧。相信天天與妳面對的丈夫也不會喜歡蓬頭垢面、衣著懶散、不修邊幅的妳，雖然他口中從不曾嫌棄，但從兩個人一起逛街，他對經過身邊的潮流妹妹不經意眼神的跟隨，足以流露出他的心機。

有句古語說的是：家有三寶，醜妻、薄地、破棉襖。雖然醜妻被當作家中第一寶，實際上它講的是外表雖醜但心地善良的女人會把家裡打理得井井有條，性情又多溫和賢良孝順，這樣的女人要比那些面容姣好卻不安分守己的女子讓人舒心。但現在的男人，往往對妻子的期望不僅僅是入得了廚房，同樣也要上得了廳堂。當妳為了這個家辛辛苦苦付出，為在外打拼的丈夫打理好家中的一切，讓他可以全心投入在事業上，但一旦丈夫小有成就時，妳卻變成了黃臉婆，那些功利心比較強，一心想著不勞而獲的女子往往會趁虛而入，採取主動的追求，男人為了滿足自己的虛榮心，很多會經不起誘惑，一腳跨入圍城之外。這時妳會覺得委屈，其實反過來想想當初戀愛時，為什麼妳可以吸引丈夫的眼光，讓他拜倒在妳的石榴裙之下，而現在兩個人之間擁有這麼多年的感情，為什麼妳卻留不住丈夫的心呢？妳有沒有想過是妳的隨意不注重外在，把自己的情人推向別人的懷裡了。

有段形容女人一生的話，給人不少啟示：女人二十歲是桃花，鮮豔；三十歲是玫瑰，迷人；四十歲是牡丹，大氣；五十歲是蘭花，淡定；六十歲是棉花，溫暖。這段話講的就是女人在不同年齡階段所特有的魅力。就拿著名影星趙雅芝來說吧！《白蛇傳》、《戲說乾隆》、《楚留香》等經典影視作品，使她成為我們心目中的完美女神，而如今已年過半百的她，卻仍風韻猶存，甚至和當紅的女星比起來，更有女人的魅力。年齡的增長不僅沒有磨滅她的美麗，反而使她更具有成熟的氣質。現實生活中的女性，可能沒有像她那麼多時間和精力來保養自身的容顏，但也千萬不要忽視了外表，試著每天抽出些時間打理自己，慢慢妳也會重新找回屬於妳的自信。女人永遠都不要輕視自己的個人魅力，或者認為自己魅力不夠，因為它是吸引男人長期且穩定的內在因素。美貌會隨著時間而流逝，魅力卻可以透過人格的完善、適當的妝飾、得體的著裝、優雅的談吐以及獨特的氣質而得以延伸。

知名化妝品羽茜的創始人羽茜，在她的著作中寫過這樣一段話：

做一個優雅、嫵媚、睿智、未語先香的鉑金女人，是這個時代每個女人的夢想。一個女人由內到外，淡淡地透著聰明、靈秀、堅強，才是最有味道的。正如鉑金的稀有、純淨、堅定。

沒有誰能夠使人的容顏不老，花謝花飛，總有凋零之時。而人的氣質所帶來的風采，卻是與日俱增、歷久彌新的。擁有良好的氣質，能讓妳人見人愛、左右逢源；氣質欠佳，往往使妳被人忽視，錯失良機。所以我們主張氣質自造，透過後天科學合理的調整、修煉，每個女人都可以擁有屬於自己的獨特氣質。

那麼，怎麼才能使妳擁有獨特的氣質、稀有的魅力呢？

恰到好處的妝容能展示妳的嫵媚輕盈，巧妙搭配的服飾讓妳變得清新耀眼，精緻美觀的裝飾品增添妳的細緻柔美，時尚的髮型舞動妳的情趣盎然，生活中的每個細節都能使你凸顯與眾不同的韻味。內在的氣質也尤為重要，內在的高尚修養和高雅氣質足以彌補外在容貌的不足之處，溫柔、優雅、細膩、智慧，注意平時的言行舉止，和善的微笑、高雅的儀態、得體的措詞、恰當的舉止，控制好自己的情緒，保持平和、安詳、淡定、積極的心態、浪漫的情懷，都是提升魅力的必要因素。透過知識充實自己，培養自己廣泛的興趣，讓自己的才華得以發揚，當然也不能忽視書本在生命中的作用，書香也是女人迷人的一種獨特味道。

女人應該考慮自己創造快樂，而不是等待別人給予快樂，不能變成感情的乞丐。一些離了婚的女人，往往會抱怨：「我從前太傻了，賺錢不捨得吃。不捨得穿，精打細算，為家庭計畫未來，卻唯獨疏忽了自己……」女人，要愛自己多一些。給自己多一些時間，即使是婚後，也不能沒有自己的空間。與朋友去購物、健身、旅遊、學習新技能，讓自己活得更有價值，才能更快樂。

女人需要魅力，男人也同樣需要魅力來吸引女人的全部注意力。一個很有魅力的男人，其妻子一般是不會有外遇的。相反，一個毫無魅力的男人，其妻子只要有幾分姿色，一般往往都會有外心萌生的傾向。當然，有魅力的男人未必都尋求外遇，但是有一點可以肯定，即使他沒有外遇，他的周圍也必然會有不少異性仰慕者。

有魅力的男人，未必都長得英俊，也未必有錢有勢。當然，男人長得英俊一點，或者有錢有勢，也是魅力的資本，但多半是那些相貌平平，錢賺不太多和地位並不高的男人很受女人青睞，究其原因，那還是由於這個男人具有的氣質和魅力了。一般來說，一個男人最吸引人的魅力往往不是外表，過於修飾的外表多半會給人一種膚淺的感覺，反而是骨子裡透出的成熟和自信、儒雅、張弛有度、在社交中紳士的儀態，面對行色色的場合遊刃有餘，是男人得以出眾引人關注的關鍵所在。

女人擁有了醉人的容顏，就會受益終生，男人則並非如此。男人的魅力，往往是在成功光環照耀之下，才變得尤為出眾。只有敢衝敢拼、事業上頗有建樹的男人，才能有魅力可言。相信哪位妻子也不會喜歡整天窩在家裡吃老本的男人。男人可以不擁有任何東西，但不能沒有對生活的熱情，要合理地利用激情不斷培養和修煉自己的個性魅力。

男人可以喝酒、抽菸；喝酒顯現男人的豪氣，抽菸展現男人的風度。但喝酒、抽菸都要持之有度，不能上癮。對於女人、權力、金錢，男人都可以追求，但不能沉淪迷失。男人熱愛體育，鍛鍊自己的體魄，但不要愛得瘋狂，失去理智。魅力男人既具有英雄的氣概，又帶有浪漫的情調。該英雄時像個英雄模樣，該浪漫時也浪漫得可愛。

男人可殺不可辱。對上司可以服從，也可以拒絕，就是不能卑躬屈膝。在哪兒摔倒，就從哪兒爬起來，一切可以從頭再來。即使沒有絢爛的才華，也不可缺乏好漢的氣魄。對待他人應一視同仁，不能怕強欺弱。男人最主要的職責是真心呵護自己的妻子，精心培養自己的孩子，職責和義務是魅力男人的首選！

要想使一個家庭和諧穩定，為人妻與為人夫的都應該注重自己的魅力，不要讓它隨著歲月流逝。當你過分疏忽了魅力的分量時，你的婚姻也會處於一種脆弱的狀態之下，往往很難承受得起外面風雨雷電的襲擊。

對有不良記錄的員工要寬容

經過一番努力之後，婚姻有限公司的跳槽危機終於安然度過了，公司也就不用走向破產這條路。不過員工留下之後，公司裡的氣氛會有幾分尷尬、幾分沉悶，如何讓公司恢復以往的活力呢？

在夫妻中的一方紅杏出牆後，不管另一方是被動的接受，還是因為其他原因選擇了原諒，讓瀕臨瓦解的婚姻得以延續，都請把這段不愉快拋擲腦後，不要把它當作你手中的武器，來報復對方，因為一個家庭的不幸福，受傷害的不僅僅是對方，而是兩個人甚至更多人。

一個公司能夠寬容員工的偶然犯錯，那麼就能換得員工的成長，使他（她）懂得感恩，懂得更嚴格的要求自己，「人不會兩次踏入同一條河流」，聰明人會知道，同樣的錯誤不要犯兩次，工作中也就不會再出現同樣的差錯。而婚姻中也一樣，只有深深體會到自己犯錯了的人，才會謹慎自持，不再放任。

人都有自覺稟賦和良知稟賦，自覺讓人主動反省，良知讓人懂得公正。在兩個人的婚戀關係中，面對一方的迷失，只有另一方的寬容才能喚醒對方的良知，只有自身的美好，才能啟發對方的自覺，而在寬容和美好的背後，唯有冷靜的沉默才是你開啟對方心靈的鑰匙。既然犯錯的一方已經回心轉意，意識到自己的錯誤，並且誠心改過自新，那麼為什麼不給他（她）多些機會表達他（她）對家庭的愛，表達對你的歉意呢？既然選擇了原諒，讓他（她）回歸家庭，兩個人已經重歸舊好，那就試著原諒得徹底一些、寬容一些，寬容不僅能夠挽救婚姻的危機，也可以給一個家庭帶來幸福的未來。既然選擇了重新在一起生活，就一定要幸福，如果你的後半生都在仇恨和報復，始終不肯真正原諒對方，這樣會給整個家庭蒙上一層陰翳的氣氛，這又何必呢？

走出來後，千萬不要再提起這件事，沒有必要不斷重複你受到的傷害，你更應該注意的是如何給他（她）一個彌補的機會。儘管你可能不太在意，但是那個無形的傷口還是會隱隱作痛的。兩個人好好聊聊身邊事、身邊人，學會理解對方。除了配偶這一角色，你也可以是他（她）的知己、知音。只有相互理解的人才能長久地一起，留意細節，嘗試跟他（她）重新有身體接觸，如牽牽手、摟摟腰，這樣的動作可以讓雙方逐漸找回親密感。

重歸於好的這一時期，需要兩個人共同的努力。出軌一方要真心意識到自己的一念之差給心愛的人帶來多大傷害，真誠道歉的同時，要盡最大努力重新博取情人的信任。另一方也不應該抓住這件事情不肯放手，應該反思一下自己該為這次危機擔負怎樣的責任，或者是你在對方最需要你的時候忽略了對方的感受，才造成對方的一時糊塗。兩個人應該坐下來好好談談，把心中的結都打開，不要互相指責，更多的是應該互相反省，得到雙方在心底真正的重歸於好。

儘管大多數人都會想知道對方出軌的細節，但是知道後又會耿耿於懷。每個人在對待自己的情人都是自私的，不願意和別人分享你的愛情，當一方出軌後，雖然兩個人又重新走在一起，但另一方常常會不由自主地猜想對方在出軌時，對待那個人會是怎樣的情形。一個朋友回憶起她在得知丈夫出軌後，雖然原諒了對方，但心底不時還會浮現那些可怕的猜想：她的丈夫在出軌時會不會給那個人和自己同樣的擁抱，同樣溫柔的牽手，把那個人擁在懷裡看日出，像吻自己一樣親吻那個人，同樣痴迷於她的身體，會不會像對自己說的那些話一樣說她是自己最愛的女人。每天這些猜忌都會折磨得她寢食難安，漸漸的對丈夫失去了以前的感覺，當他擁抱時，她會不由自主的選擇逃避，甚至開始厭惡和丈夫同榻而臥，對丈夫的溫存感到一種莫名的恐懼。雖然她意識到丈夫是真心悔改，自己也很想回到以前，但就是無法控制自己的情緒，焦躁不安、多疑，感覺自己就要崩潰了，後來幾乎患上了焦慮症和抑鬱症。而她的丈夫也不知何去何從，兩個人彷彿走在鋼索上，每天精神都高度緊張。後來她找了心理醫生進行治療，在治療過程中，她慢慢可以正視丈夫出軌的事實，接受丈夫的回心轉意，從心底開朗起來，這才真正挽救了他們的婚姻。

克魯茲曾經說過：「處理感情問題沒有什麼特定的方法，但是要掌握一個關鍵的原則：不能彼此傷害。」因為，不論是你愛或是你恨的人，都曾牽動了你的感情神經，你和他

（她）之間已維繫了一條感情的樞紐，彼此傷害只能讓雙方都感到痛苦。在婚外情發生之後，無法平息自己心中的波瀾時，不妨兩個人來一個徹底的放鬆——旅遊是最好的療傷工具。兩個人都抽出一段時間，拋開孩子、家庭、工作，來一次可長可短的旅行，不一定要去景色多美的風景區，只要雙方可以徹底的放鬆就好了，在陌生的環境中，兩個人可以重新的認識對方，重新找回往日的溫馨和甜蜜，良辰美景之下，促膝長談，更有助於恢復雙方的感情。

俗話說得好：「家醜不可外揚。」從某種意義上來說，它是有道理的。當你的家人或朋友知道你伴侶的不忠時，往往會為你打抱不平，給予對方嚴厲的譴責，但安慰的話語會更加增添你的委屈感，使你無法面對你的情人。另外，知道的人越多，對兩個人的感情復合越不利，往往會使原本能夠和好的夫妻分道揚鑣。如果兩個人不能很好地進行溝通，無法打開心裡的結，非得借助外力的話，最好尋求情感專家的幫助，因為專家的建議可以不偏不倚地做出分析評判，並且能夠最快、最有效地找到解決辦法。

婚姻需要經營，這次的經歷會使你們多了些相處的技巧，並且更加明白婚姻的現狀，這未嘗不是件好事。婚姻中沒有一勞永逸的絕招，想要幸福，就要好好經營婚姻。

如何對待挖「公司」牆角的「碩鼠」

要是一個公司被對手挖走了最得力的幹將，恐怕是要惱羞成怒，但培養新的員工也許還不算太難，而在婚姻有限公司中合夥人的離開，所帶來的就是公司的直接倒閉了，所以難怪婚姻公司中最痛恨的，莫過於挖公司牆角的「碩鼠」。看著自己辛苦經營的公司，眼看就要毀於他人之手，無論是誰心裡都不會好過。

當你發現對方的外遇或移情別戀時，不要心急，千萬不要動怒，拿出你心底的自信，把憤怒交給沉默，在沉默中化解憤怒是感情危機中最行之有效的辦法。表面看起來你有些委曲求全，實際上你的沉默更容易讓對方感到愧疚。一日夫妻百日恩，只要你能明白，第三者不過是你們婚姻中的一段插曲，不過是江河湖海中的一股逆流，只要你自信自己就是大海，一定能統帥江河走完你們共同的旅程。

結婚十年了，小萱發現自己的丈夫不再下班就回家，而且回家的次數漸漸變少，即使在家也心不在焉，一副魂不守舍、心事重重的樣子。丈夫說是生意太忙、太累，小萱心裡已經明白了點什麼，但是依然希望能

夠挽救婚姻，她害怕丈夫說出那兩個字。但是，終於有一天，丈夫無情地提出了離婚的要求。小萱居然出乎意料的平靜，她並沒有像許多女人那樣一哭、二鬧、三上吊，而是平靜地告訴丈夫，她同意他的離婚要求，但她有個小小的請求，就是讓她與那個女孩見上一面。

丈夫同意了。經過小萱的一番打扮，她從服飾到妝容都來了個脫胎換骨，充分的表現了自己的氣質與優雅。她很客氣、很禮貌地接待了女孩，溫柔地對女孩說：「妳長得正如我想像的那樣漂亮。」女孩羞澀地一笑：「妳卻比我想像中的要氣質高雅得多。」小萱無言地微笑了，說：「我今天叫妳來也沒有別的意思，只是給妳看點東西。」說畢，她走到衣櫃前拉開一個抽屜，說：「這些都是他每天換下來的衣服，我每天都要幫他洗好、折好。」說著她又拿出一本相簿，指著一些照片說：「這是他在湘西老家的父母和兄弟姐妹，我們每年都要寄錢接濟他們。這是我們女兒的演出照片，我們每個週休假日都要帶她去鋼琴老師那裡學琴，如果妳愛他，以後這些就交給妳了。」她的一席話中，流露著她做為一個家庭主婦的自信與驕傲。

剎那間，女孩木偶般地愣在了那裡。她無論如何也想不到，在這個世界上，竟然還有這般可愛、瀟灑和自信的情敵，眼前這個女人，既自信又能幹，確實比自己更適合他、比自己更愛他。女孩無言地離開了，臨走時對她說：「對不起，我對自己以前的做法表示抱歉！」

對待第三者一定要冷靜，第三者本身在社會中就是受到譴責的一方，從情理上講，第三者許多都是悲劇性的人物，本身也是值得同情的。因為從人的尊嚴與道德上講，是沒有人願意成為第三者的。有句話說女人何苦為難女人？在第三者出現時，妳首先應該做的不是「一哭、二鬧、三上吊」，更不是找那個女人拼命，鬧得滿城風雨，這樣只會讓妳的婚姻更早結束，而應該做的是反思一下你們的婚姻到底什麼地方出了問題，妳想要的是什麼，妳的婚姻有沒有挽回的餘地。這時候，妳可以以一個女人的立場和第三方進行一次不卑不亢的談判，捍衛妳的家庭。

第九章・規劃好「公司」的「錢」途

開公司不僅經營感情，還要在「錢」途方面花點心思，好好規劃一下，才能保證讓婚姻有限公司蒸蒸日上！

規劃無限「錢」途

婚姻有限公司的「錢」途規劃，就是依據公司的財務和具體情況，確定財務目標，對公司資產進行合理的安排和有效的管理，最終保障公司財務安全、實現公司資產的增值、達成公司運作目標。實現這一過程，最重要的就是要做好公司的財務規劃，而做好財務規劃又是以確立好財務目標為前提的，不要有太多的隨意性或盲目性。知道目標，行動就成功一半，所以家庭理財成功的關鍵之一就是建立一個周密細緻的目標。一個好的理財目標，可以幫助你確立明確的奮鬥方向和奮鬥目標，也可以幫助你理性地調整自己的經濟行為。

怎麼設置自己的理財目標呢？起初，我們要區別目標與願望的差別。願望只是你對未來的一種期許，但並不是詳細清楚的規劃。比如你想等孩子長大後送他去國外念書，你想多購買一間房產保值，這些都是願望；而你想每個月攢下五千元做為孩子的教育基金，你想在三年後有百萬存款，這些才是理財目標。簡單來說，理財目標需具有現金的可度量性和實現的時間性，也就是說它有兩個具體特徵：一是目標結果可以用貨幣精確計算；二是有實現目標的最後期限。

當瞭解了你的理財目標後，就可以開始設置你的目標了。首先可以列舉出你所有的願望和目標。不論是短期目標還是長期目標，將你和家人所能想到的願望和目標全部寫出來，然後進行篩選，並將其轉化為基本的理財目標，也就是轉化為一定時間實現的、具體數量的資金量。然後將篩選過的理財目標按時間長短、優先順序進行排序，確立基本理財目標。所謂基本理財目標，就是生活中比較重大的、實現時間較長的目標。如養老、購屋、買車、子女教育等。然後對這些目標進行分析，指定詳細的理財計畫，使其具有實現的可能性。如果有些目標不能一步實現，可以分解成若干個次級目標。

當然，理財目標的設定還需與家庭的經濟狀況與風險承受能力，以及家庭的生命週期等要素相適應，才能確保目標的可行性。

在家庭形成期，即小倆口剛剛結婚，包括生小孩的時期。此時，我們還需要考慮兩項較大的開支項目，結婚和生小孩的費用，當然可能還有更大的一筆費用——購屋。購屋、結婚、生小孩都是人生必經之事，需要提醒的是購屋要謹慎。並且生小孩也要有充分的經濟上的準備。總之，此階段是小倆口必須奮鬥的階段。

在家庭成長期，家庭收入水準已經穩定並達到一定高度，不過家庭負擔也不小。家庭的最大開支是保健醫療費、學前教育、贍養老人費用。合理調配各種費用，分出輕重緩急，因為收入穩定，所以只要合理規劃就不會出現太大的問題。

在家庭成熟期，夫妻的工作能力、工作經驗、經濟狀況都達到高峰狀態，子女已完全自立，沒有負擔在身了。此時的重點是考慮自己的養老問題。這一階段裡，理財的重點是擴大投資，累積豐富的退休金，安度晚年。

對一個家庭或者個人來說，理財目標也分為不同的階段性，有長遠的目標，也有短期的目標；有未來的目標，也有眼前的目標。你需要協調好它們之間的關係，使之互相協調而不是互相矛盾。在訂定理財目標時，應意識到，各種理財目標都是未來各種財務行動的指標，所有的目標都應該是具體的、可行的，因為具體化的目標才能讓自己清楚理財的真正目的。

儲備好「公司」應急資金

婚姻有限公司事務繁雜，難免有遇到各種困難需要用錢的時候，這時候動用定期儲蓄或者賣掉公司股票之類的不太合算。正確的辦法是在日常的理財過程中，公司要拿出一部分收入建立資金帳戶，應對處理突發事件。這筆資金稱之為「應急資金」。

現在的年輕人熱衷於當「月光族」，幾乎將所有家庭收入用於消費，一年難得存下幾個銅板，後果是，一旦發生緊急情況，將難以度過危機，只能坐等救濟；另一種人，是將所有儲蓄投入到風險較高的領域，如股票、房地產等，帳面上的資產雖然不菲，但在沒兌現的情況下，現金儲備幾乎為零，如若發生自然災害、意外事件、金融風暴，這些帳面上的資產頃刻之間就可能化為烏有或損失慘重。其實，從理財規劃的角度看，兩種做法都很不科學。很簡單的道理，前兩年股市好的時候，很多人傾其所有買股票、基金，到現在股市走低，資金都被套在裡頭了，如果急需用錢，不得不割肉，如果當初沒有全倉進入，那現在就還有「翻盤」的機會。

事實上，一個家庭不可能永遠不出現大的風波，事先準備適當的應急資金，即使面臨再大的誘惑，也不輕易將這筆資金投資，在遇到突發事件時，有一筆能及時動用的錢，就能幫助這個處於危難之際的家庭站穩腳跟。鮑先生與妻子都有穩定工作，收入處於中等水平，雖然要負擔房屋貸款費用、生活費用、雙親的撫養費用、子女教育費用等等，但還是頗有盈餘。鮑先生把自己的薪水主要用來應付日常開支，而妻子的薪水和獎金收入則用來進行儲蓄，至於應急基金，兩人根本沒有考慮過。儲蓄到了一定的數量之後，鮑先生傾其所有，創辦了一家軟體公司，但是很不幸，由於投資失誤，軟體公司很快就倒閉了，也耗光了他們的所有存款，一切都不得不從頭開始。花了三個月的時間，鮑先生才在另外一家電腦公司找到工作。在此期間，他們的家庭生活非常拮据，不得不靠借貸生活。當他們決定一切從頭開始之後，他們改變了以往的消費習慣，現在的主要目標是為兩個孩子準備大學教育基金和為自己重新準備養老基金。他們對家庭每個月的開支都進行預算，除了日常開支的費用後，他們的錢主要用來儲蓄和購買基金。而且無論情況如何，他們再也不會動用他們的子女教育基金和退休基金。除此之外，他們還儲備了三個月的應急基金，以用來應付諸如失業及突發事件所帶來的特殊情況。鮑先生夫婦逐漸養成了財務上的良好習慣，生活井井有條，再也不會出現那種家庭極度尷尬的生活境況了。

也許有的人認為專門準備一個應急資金沒有必要，只要手裡有錢，還怕臨時拿不出錢來嗎？事實不是這樣的，也許到時候是不值得動用定期儲蓄，也許到時候是所有的錢都投資失敗，也許是更複雜的情況，有錢也取不出來，這時候應急資金就能幫大忙了。

家庭應急基金具體以多少為宜可根據各自家庭的情況決定，一般來說要準備三至六個月日常支出的金額做為家庭應急基金，如果家有好動的小孩、體弱的老人、愛運動、常出差、工作性質有風險的人，還應多準備一些。

應如何保管這筆錢呢？放在口袋裡怕掉，放在家裡怕偷，忍不住了又怕用，怎麼辦？應急資金要求可以隨時支領。這部分資金要求很高的流動性，一來保證應急能力；二來可以

避免為突發事件而套現其他資產，影響投資收益。你可以將這筆錢存入專門的帳戶，同時辦一卡一折，將卡或折的密碼由父母掌握，自己則持有折或卡，一旦發生意外，從父母處得到密碼即可支領；也可將應急基金帳戶託管給銀行，並與銀行約定自己要支領這筆錢時銀行有權要求自己出具發生家庭意外事件的證明，否則不能支領；可將存有該基金的卡、折存放到銀行保險櫃，不到萬不得已，不得取出。為保證其支領的靈活性，應急資金的持有形式可以是銀行活期存款，如果金額較大，部分也可以存為三個月定期，這樣既可以保證使用的靈活性，又可以最大可能地利用該部分資金。

除了儲備應急資金，還可以申請一至兩張銀行信用卡，利用信用卡的透支等功能來應付突發事件，同時購買一些意外傷害保險以提高家庭的保障能力。

做好婚姻「公司」財務檔案

婚姻有限公司的財務需要管理，這點人人都知道，不過許多人怕麻煩或不知從何入手，而置之不理。想要進行財務管理，善用資金進行財富增值，就得先瞭解家庭財務結構，而建立財務檔案是最好的方法。有了財務檔案，就可以明確公司的財務狀況，進行真實、科學的理財分析，制訂理財方案。

燕子和丈夫在三十歲之前都是沒有什麼錢財概念的人，要花錢了就去刷卡，錢從來沒有存過定期，今朝有酒今朝醉，對家裡的財務狀況也是完全不瞭解，總之一塌糊塗。好在兩人還留有點節儉美德，每月卡上還能留點錢。可是燕子最近意外懷孕，第一天去醫院檢查，醫生大筆一揮開了六張檢查單和一堆補品，花費不少，加上以後的嬰兒衫、尿布、奶瓶等等，一系列的開銷實在讓人吃不消。這讓燕子夫婦才覺得有必要建立家庭財務檔案，進行家庭財務規劃，為自己將來生一個孩子做好規劃。

錢對婚姻有限公司來說，只有兩種存在形式；一是收入，二是支出。收入是掙錢，支出是花錢。首先，要瞭解自己家庭每月的收入有多少，更重要的則是要瞭解支出情況，這就需要記帳。家庭記帳，簡單地說，就是逐筆記錄家庭每月的收支情況，從中分析家庭收支的合理性，做到量入為出、理性消費，實現家庭理財目標，達到財務管理的目的。

記錄每天、每月的收入、支出情況，首先要做好分類，對收入來說，可以分為薪資收入、意外收入等，取得的實物可以按市價折算；對支出來說，可以分為吃、穿、住、行、娛樂、就醫、教育等方面。記帳的時候，可以進行合理的歸類，記錄各種支出是透過何種方式支付的，如信用卡刷卡、現金支付或者借貸支付等，因為每種支付方式各有其優、缺點，對家庭財務有著不同的作用，如信用卡就是先消費，後付款，而且一般有較長的免息期。對一些經常性的支出，可以不必每天都記，可以使用一個估計數，每月記一次，比如一日三餐的花費等。

實際證明，家庭記帳的好處多多，比如可以弄清楚自己家每月到底能掙多少錢，主要的開銷都在什麼地方，在各個方面花費的比重各有多少，哪方面的花費比較合理，哪方面花費需要消減，哪方面需要或者應該增加消費，以及每月能留存多少，這些錢能夠實現家庭的哪些目標，要實現自己的目標需要如何合理安排支出等等。

家庭記帳是很繁瑣的一件事，所以要做好這件事，貴在堅持。據瞭解，生活中記帳的或者曾經記過帳的不在少數，但許多人都是記了幾天就半途而廢了。大部分的人都會嫌記帳太瑣碎麻煩，於是缺乏堅持的耐心，記了一段時間就放棄了；還有少部分人則是發現自己的開銷太大，乾脆不再記帳了，其實，如果不把自己的支出情況理清楚，那是無法改變高收入、高消費、低結餘或者無結餘的不良狀況的。

另外，記帳還要搭配年度收支表才能真正掌握家庭收支狀態。每月、每年結束後，都要編制月份收支、年度收支儲蓄表，統計本月、本年的收入、支出和結餘，計算各種收入、支出在總收入、總支出中所佔的比例以及儲蓄率等。對家庭記帳情況進行分析，並比較各種收入、支出的合理性，對過大的支出要加以控制，制訂減支計畫，而對應該支出而沒有支出的項目也要相對安排支出。

隨著社會經濟的發展，家庭理財已趨多元化，銀行帳戶、卡折密碼、股權憑證、房產憑證、買賣合約、借條、欠條、收條……幾乎應有盡有，而一旦因突發事件導致這些憑證、票據的消失和密碼丟失，都將對家庭財產帶來不必要的麻煩。因此，支出部分除了靠記帳之外，不妨保留各種單據，製作年度收支表的時候就能派上用場，可以製作票據整理表。薪水、獎金等工作收入現在大多採取自動入帳，而基金投資、房貸，甚至水、電、瓦斯等費用也可設定自動扣除，加上提款金額也會列出，因此銀行存摺就能掌握每月大筆的收入和支出，還有信用卡帳單、各種票據單、發票等等，把這些整理好就可以基本知道錢流向了哪裡，並且有票底留存，方便以後查找。建立票據整理表，將存摺、股票、債券等的原始資料記載入冊，萬一遭遇存單遺失或被盜時，可及時查驗並掛失。建立家庭財產檔案，將家庭投資的項目、牽涉的銀行和單位、帳面金額多少、卡折帳號和密碼、對外債權與債務的憑證等一一列明，發送到自己郵件信箱或者USB隨身碟、手機卡內。

要對自己家的資產負債情況進行統計，掌握自己家有哪些資產、有哪些負債，對此，可以編制當前的家庭資產負債表，並計算資產負債率、流動性比率等財務比率。製作好收入、支出表、票據整理表、家庭資產負債表這三種表，在家庭理財中起著十分重要的作用，可以為家庭理財的財務分析提供了原始依據和基礎資料，對制訂預算和理財規劃方案，對優化家庭消費結構、幫助家庭實現資產快速增值都將具有重要意義。

小心信用卡

信用卡是當下流行的消費方法，因為信用卡的透支消費，可謂一卡在手，萬事不愁，很多人都是手持好幾張信用卡。信用卡消費的確有先進的地方，比如可以提前買一些大件消費品，比如家電、傢俱之類的實用消費品，可提前享受一下，然後一邊使用，一邊慢慢還帳，確實不錯。不過使用信用卡的壞處也很多，許多人往往無法控制住當下購物的欲望，結果一發不可收拾。更何況刷卡並非給鈔票，並沒有付錢的感覺，很多朋友很容易就「刷刷刷」地過度消費或超額使用，從先享受後付款變成先享受後痛苦。帳單來時無法全數付清，就得動用循環利息，支付未付清的帳款產生的利息，利息再滾進帳款，也影響了個人信用。因此，婚姻有限公司的員工須謹慎對待信用卡消費，小心陷入經濟泥沼。

首先，在信用卡申請之前，每一個人都應該思考：我真的適合使用這種提前消費的貨幣嗎？除非自己肯定能做好信用卡管理，才能申請信用卡。並且所持信用卡不能過多，兩張就足夠讓人應付了。你有多少張信用卡呢？其實，很多人不是沒錢投資，只是沒有控制欲望，而讓辛苦賺來的錢輕易地從指縫間流失。少用信用卡消費，減少循環利息的支出，一個月省下幾千塊錢絕對不難，就看你是不是能夠控制欲望，少刷一次卡，就可以增加一次投資的機會，可投資的金額也會不斷提高！減少沒有必要的持卡張數，可以讓自己減少胡亂消費的機率，也可以增加自己理財記帳的效率。同時，將自己的花費集中在數張信用卡上，也有集中管理支出的好處。

如今類別繁多、優惠措施各異，如何選擇最適合你的信用卡呢？除了年費優惠，還要考慮到其他的細節方面。比如有的銀行為信用卡提供失卡保障功能，就是掛失前產生的損失銀行來買單，這樣就可保證安全。有的銀行會發行聯名卡，除可享受信用卡的便利外，還可得到盈利機構提供的一定比例折扣或回贈，乃至其他增值服務。因此在選擇信用卡時，要按照自己的需求進行挑選，切不可盲目辦卡，更不能全盤照收。

而且，現在各家銀行之間競爭激烈，往往爭取客戶而頻頻調高客戶的透支額度。不少人在申請信用卡時，也一味追求高額度，在收入證明中刻意誇大收入水準。其實，可透支額度越高，持卡人面臨的風險往往也越大。很多人擁有高額度透支卡的時候就忍不住會大量消費，結果等還款期到來時，卻沒有相對的還款能力，結果要承擔循環利息甚至高利率的還款滯納金。所以，在申請額度的時候，一定要考慮到自己的經濟實力和還款能力，量力而為。

你是不是拿到信用卡帳單的時候，常常想不起自己何時消費了那麼多的金額？還是在刷完信用卡之後，隨手就把簽過名的收據丟棄呢？若使用信用卡，要先做好支出管理，因為，理債比理財還重要。每個月收到帳單的時候，要留下來做整理。如果你已經無法全額付清你的信用卡債務，就表示你的花費需要節制。養成整理對帳單的習慣，可以幫助自己發現收入不足以負擔開支時，就要縮減消費的欲望，按照需求的重要性來排序。

每當聖誕節、元旦臨近，就到了信用卡刷卡消費高峰，特別信用卡集紅利換禮使很多人由「心動」變成了行動。如今信用卡在大城市已成部分特定人群的主要支付工具，特別是辦公室白領，他們時刻把集紅利「大事」記在心上，哪怕買一點日用品，也要到能刷卡的商場刷卡集紅利。這些人自然成為各發卡行年終集紅利大戰的爭奪對象。理智的持卡人不難發現，信用卡集紅利兌換的門檻委實不低，一般持卡人是不可能在短時間內做到的。而像攝影機、筆記型電腦、液晶電視等奢侈消費禮品，如果想用紅利換得，那幾乎就是「不可能完成的任務」。所以持卡人刷卡前最好冷靜考慮，避免為了換一些並不實用的物品而過度消費，甚至淪為「卡奴」。持卡人最好有個自然心態：正常需要時才去刷卡；當紅利達到一定程度時，再去選禮品。這樣不但有效地發揮了信用卡的便利功能，更能享受到心儀的禮品，可謂雙重收穫。

信用卡雖然有點麻煩，但也有它的好處。在銀行有貸款或者信用卡的個人，就會自動擁有個人信用報告，這些信用報告可以反映你的個人信用度，如果有良好的信用度，那以後和銀行有別的業務往來都會容易得多了。

巧計畫脫離「月光族」

「月光族」是指將每月賺的錢都用光、花光的人。月光族一般都是年輕一代，他們與父輩勤儉節約的消費觀念不同，喜歡追逐新潮，扮靚買靚衫，只要吃得開心，穿得漂亮，根本不在乎錢財。如果是一個人還好說，要是組成了婚姻有限公司還是每月都花光，那就不可取了。

以前有個農民養了一隻鵝。有一天，他在查看穀倉時，無意間在鵝巢裡發現了一個金蛋，他高興的不得了，不久就賣掉金蛋，換了很多錢。第二天天還沒亮，他就去看那隻鵝，看看鵝是否又下了一個金蛋，果然，鵝巢裡又添了一個金蛋。從此以後，農夫每天早晨都撿到一個金蛋，他靠賣金蛋變得非常富有。但這個農夫是個貪得無厭的人，他想為什麼鵝每天只下一個金蛋，他更想知道鵝是如何下金蛋，以便如法炮製。他變得越來越急躁，為了知道鵝的肚子裡是不是有更多的金蛋，最後他終於用刀將鵝剁成兩半，可是他在鵝肚子裡卻什麼也沒找到。這個故事告訴我們，殺鵝取卵是種愚蠢的行為。可是現在不是有很多人的行為就是如此嗎？鵝就好比是資本，而金蛋好比是利息，無本當然沒有利息。

因為大多數人花光用光，所以就永遠無法養肥一隻鵝，一旦他們把幼鵝扼殺在搖籃裡，連金蛋的影子也無法看到。

丁丁與張健是一對小倆口，家庭財務就是兩人同時拿出一部分的錢來當作公共資金，剩餘的錢各自掌管。夫婦倆算不上出手闊綽，衣物極少買名牌，基本上都到小店買衣服，但兩人貪嘴，經常去外面的飯店嘗鮮，結婚一年多了，還一點積蓄也沒有。分析一下，夫婦倆的花費非常缺乏條理性和計畫性，而正確的做法應該是，每月提前計畫，找到合適的方式截留部分的錢，然後積少成多。

新婚不久的黃女士和丈夫在同一家公司工作，兩人最大的心願是能早日擁有一間完全屬於自己的房子，於是在金錢上開始精打細算。經過合理的計畫，目前小家庭生活經營得還真不錯。結婚前，兩人三天兩頭與同事們外出聚餐，久而久之也是一筆蠻大的開銷。婚後，小倆口盡可能避免外出應酬的開銷，一日三餐基本都在家自己做，一個月下來兩人伙食費少了不少。他們另一個省錢絕招是，在手機、電腦、3C類等更新換代快速的商品消費上，絕不跟風趕時髦，在他們看來，一切都要講實用。例如手機只要是能通話、發簡訊就好，什麼照相等五花八門的功能再先進，也只能新鮮一時，將錢砸在上面真是太不值得。電腦只是工作的必備工具，操作起來自如就行了，哪怕它體積再小、外觀再漂亮，也只能提升面子而非生活品質。女人喜歡逛街，而那些色彩斑斕的美麗時裝總有抵擋不住的誘惑，黃女士當然也不例外，每月她都會購進一兩套心儀的服裝，但在她的衣服中，除了鮮有的幾套在正式場合穿的經典名牌外，大多都是從小店淘來的當季流行品，在進行了貨比三家後，黃女士會與店主討價還價，以最合理的價格買下來。這些價格適中的服裝穿在她身上，很能體現其風格和個性。黃女士還認為，女人穿款式，男人穿品牌，因此，每次大商場過季狂打折時，她都會為丈夫添置一批品牌服飾，丈夫穿起來挺有面子，光想想價格也夠開心。就這樣，他們順利告別了「月光族」的生活，邁入了人生的另一個階段。

告別「月光族」的人已經自覺或不自覺地開始了理財的第一步，有了存款，下一步就可以有意識地透過合適的理財管道讓錢保值、增值了。

過度節省影響「公司」發展

賺錢是本領，花錢是藝術，能掙會花的人才最值得稱道，然而要做到這一點還真不容易。花錢是一門平衡的藝術，過度節省和過度消費都不是健康的消費行為，都會對婚姻有限公司帶來不利的影響。

丈夫想買雙新鞋子，夏天的鞋子，一個月前就開始唸叨了：「我得買雙鞋子，我的那雙已經壞了！」妻子十分同意，於是當天晚上就去了商場，妻子建議丈夫買個夏天帶網孔的那種，丈夫的想法是買個不帶孔的春、夏、秋、冬都能穿，雖然夏天會熱一點，但也無所謂，只要省一點就行。結果在商場，兩人只買了生活必需品和一些晚上要吃的菜，不知是丈夫沒有挑中還是他另有想法。幾個星期過去了，鞋子好像還是沒有買，妻子也提醒過幾次了，「去給你買鞋吧！」丈夫的回答是：「沒錢，不買了。」妻子回家看看自己的衣櫃，很多衣服是朋友送的，有幾年沒有買新衣服了，再看看丈夫的衣服，他也沒有買啊！都是好幾年前的衣服。妻子向丈夫抱怨起來，丈夫卻說：「我們上有老，下有小，薪水收入加起來也沒有多少，只能節省，多攢點錢。」丈夫考慮到孩子未來漫長歲月裡所需要的養育和教育費用，老母親所需的養老和醫療費用，夫妻兩人所需的養老保障，所以打定主意「勒緊褲腰帶過日子」，能省則省，結果把自己的必需品也省下了。

其實節約、節省是應該的，但是生活必需品還是要的，別因為節省把自己搞得人不像人，鬼不像鬼。有的人過度節儉，甚至危害到了身體健康，這應當引起人們的注意。有的人家，電燈的瓦數太小，使得房間照明度很低。這樣雖然節省了電費，但會對人的視力，尤其是兒童的視力造成傷害。老年人還容易因照明不好而發生磕磕碰碰的事故。有的人家做飯時捨不得開抽油煙機，殊不知油煙的長期刺激，會損害人的呼吸道黏膜，得不償失。有的人患了病，為節省醫藥費不去看病，硬撐著，結果耽誤了治療時機，不但身體吃虧，而且增加了後期的治療費用。還有的人生病了，為省錢不去正規醫院治療，而是找收費便

宜的江湖郎中，錢花了，病卻更嚴重了。還有的人買東西專挑便宜貨，但有時便宜沒好貨，吃虧的是自己。

對於很多一般薪水階層的家庭而言，收入不高卻又受各種生活壓力壓迫，迫使他們遵循「以節儉為第一原則」的生活消費原則。雖然他們的擔心不無道理，但是從理財的角度講，過於節儉、儲蓄率過高並不見得是好事。隨著社會的進步和人們生活水準的提高，過於節儉就有點不符合時代的節拍了，也會嚴重影響個人和家庭生活品質的提高，因此有必要轉變消費觀念，積極提高生活品質。要對生活充滿信心，不要過分瞻前顧後，要相信生活越來越好。不要太過節省，克服掉過度節儉、不敢消費的毛病，不妨適當增加當前的消費，有效地提高目前的生活品質，提升全家人目前的生活幸福感。

過於節儉的夫妻要適當增加消費，特別是要增加朋友交流、走訪親屬、社交活動等交際投入，也可以提高旅遊、健身以及提升個人形象的開支。另外，為了提升自己，以更好地在職場上立足，還可以報名參加一些培訓或各種證照考試，把錢裝進口袋不如裝進腦袋，這種智力投入說到底是為了更好地賺錢。買東西也不能只圖便宜，還要看品質和售後服務。生活太儉樸了，難免給人貧窮的印象，在這個年頭，貧窮本身可不是一個光榮的名詞，所以能掙錢，會花錢，這才是精彩的人生。

「公司」發展，保險先行

隨著婚姻有限公司投資的管道越來越多，投資理財產品也日益豐富，相對的風險也一步一步地加大。要拿錢去投資，當然須先消除後顧之憂，所以要把意外、疾病等可能發生的費用準備好，而保險卻可以做到當這些風險來臨時，給予即時的補償，以減少甚至避免家庭理財計畫的中斷。

說起家庭理財，大家首先想到的就是買股票、基金，卻常常忽略了保險在家庭理財中的重要作用。在我們構築的家庭理財金字塔中，處於最底層的是家庭儲備金——銀行存款，然後是保險、投資不動產或者是長期投資工具，再上面是中、短期的投資，最頂層的則是股票或者高風險、高收益類的產品。在這個理財金字塔中，保險處於最底層，所有的投資者做家庭理財、投資決策的時候，一定要先把底層做好，就像蓋房子要打地基一樣，否則你的房子就有坍塌的危險。保險雖然是家庭必備的保障，但是由於其特殊的性質，一般人理解起來困難稍大，保險到底有什麼作用呢？

財富是靠人創造出來的，但人卻是靠健康支撐著的，所以理財的基本就是人的健康。人一生都在追求財富和快樂，但這些東西都必須由健康做為基礎、做為支柱。我們都知道，沒錢的人不一定不快樂，但沒有健康的人卻一定不會快樂。人一定會老，也一定會生病，還很有可能遭遇到意外，為什麼要等到意外發生才想到為自己的生活尋找保障呢？未雨綢繆永遠都不會錯的。購買保險，就是對自己人生的一種保障，它是在我們健康、有能力的時候為將來增加的一根支柱。當變故發生時，我們就能夠坦然無懼的面對它，能夠繼續維持曾經舒適的生活。對婚姻有限公司的負責人來說，身為公司的經濟支柱，你應該為自己，為你的公司員工考慮好生活的各方面。保險不是唯一的理財工具，但除了保險，現在還沒有一種理財工具可以保證當我們發生變故時還能拿到一筆急用的現金。

科學的保險規劃，應該先從意外、健康險做起，有了這些最基本的保障，再去考慮其他的險種，也就是說如果沒有任何的商業保險，買保險一般應按下面的順序：意外險（壽險）、醫療險、教育險、養老險、分紅險、萬能險。

意外險。毫無疑問，意外險是保「意外」的，它提供生命與安全的保障。雖然人人都忌諱談意外，但意外時刻都在發生，一旦自己發生意外而沒有生活保障，父母、妻兒的生活將深受影響。許多家庭為防範這樣的風險而保留一部分備用金，並不將所有資金全部用於

投資。

醫療險。對一般家庭而言，醫療險保單雖然無法讓人免於生病或是快速致富，但絕對可以在適當的時候提供所需要的醫療照顧及經濟救援。每年適量的保費支出，讓保險承擔重大疾病發生時的大額財務支出，家庭也不需要在醫療方面進行過多儲蓄。

養老險。養老險是補充以後生活品質的一種保障，尤其是在當前生活品質不斷提高時，誰都不想退休後會「一落千丈」。對於家庭累積比較豐厚的中年期家庭，要考慮好自己的養老保障，確保自己在年老時能夠花上自己賺的錢。養老險一般都有一定收益，雖然收益率不高，但可以積少成多，而且可以鎖定用途，保證在退休後均勻使用。

保險是一種很好的家庭理財產品，但千萬不要把它當成一種投資工具，在安排保險支出時，不能用投資的手法和理念去考量保險的收益。在分配家庭保險時，一是要考慮家庭的承受能力，購買保險是為了在危急關頭將風險轉嫁給保險公司，如果家庭有承受能力，那就不需要保險了。二是購買保險時首先要給家庭收入最高的成員購買，優先保證家庭經濟主力的保險，但如果家庭成員因遺傳、工作環境等，出現某種風險的機率較高，也應該優先安排保險。

保險是一個很真心的朋友，只要你用心規劃，它會是你終生最值得信賴的守護。保險不僅給予被保險人一份保障，是低風險的投資管道，更因為有了保險，解決了被保險人的後顧之憂，投資創業都會更大膽，能夠獲取更大的收益。由於投保年齡越低，保費越便宜，年輕的家庭應為自己規劃一份基本保障，讓精彩生活多一份保障。

解決合夥人的金錢觀分歧

由於性格、知識結構、經歷的不同，每個人對於如何打理財富、如何進行投資都有著自己的定位與判斷，即使是共同組建婚姻有限公司的兩個合夥人也是如此。於是，在婚姻公司中，由於夫妻雙方對於理財態度的不一致而導致的爭吵、矛盾，甚至衝突也並不少見。

有的家庭是對於金錢的消費觀不同。丈夫宇從小家境不好，加上性格保守持重，因此即使現在的收入不菲，依然保持著節儉的生活習慣。而妻子卻不這麼認為，經常嘲笑丈夫是「守財奴」，她覺得應該趁年輕，多多享受生活。為此兩人經常吵架，經常是丈夫說妻子太過出手闊綽，妻子說丈夫太過摳門，壞了興致。

有的家庭則是對於金錢的投資方面有不同的看法，太太除了透過定期定額的方式購買偏股型的基金外，剩餘的大部分資金都選擇存在了銀行裡，雖然利息少一些，但比較穩當。但她的先生卻頗有微詞：「我們應當把更多的資金投入到高報酬的產品中去，而不是坐收低廉的銀行利息。」

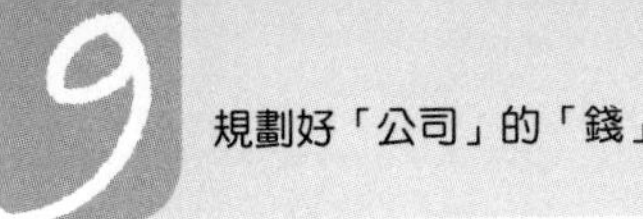

人們的金錢觀深受童年教育的影響，婚姻公司中的成員來自不同的家庭，金錢觀難免會不同，很容易引發衝突。本來不過是商量開銷、制訂財務計畫的家庭會議，很可能會演變成一場勢不兩立的夫妻大戰。當這些問題出現時，我們該如何去解決？

找到一個雙方都共同認可的目標是解決問題的關鍵。伴侶們在理財規劃上出現分歧，往往是因為缺乏明確的財務目標。因此，當夫妻兩人在遇到理財分歧時，不如討論一下不同時期內的財務目標。共同的目標並不只單單是目標，它更是透過一定的預算籌畫出實現目標的途徑。有了一個明確而具體的目標，雙方之間由於金錢觀不同引起的不滿和紛爭就會大大地減少。

在達成共同目標的前提下，不妨試一試分開理財。說到分開理財，人們或許會聯想到流行的夫妻分攤制理財。不過，夫妻之間本沒有絕對的分攤制，而截然獨立的帳戶管理模式，互不溝通的結果往往使實際理財計畫過於保守，或是過於激進，進而給家庭理財帶來隱憂。要掌握「分攤制」的火候。如果用得恰到好處，「分攤制」能成為人們保持自我獨立的佳境，給夫妻雙方獨立的生活空間；但如果太過嚴苛，當夫妻為了絕對的分攤制錙銖必較時，對家庭的責任感和雙方的感情勢必受到影響，那這樣的婚姻還有什麼意義呢？

因此，一個現代家庭的管理也和企業一樣應主張「產權清晰、責權明確」，不妨實行分開理財方式：建立一個公共的帳戶，用於進行家庭的共同開銷和累積。在這樣的基礎上，伴侶們則可以擁有自己的獨立財務帳戶。類似於個人的生活費用，包括衣物服飾、美容美髮、娛樂等等都可以在這個範圍內支出，保留伴侶們相互的自主權的同時，可以有效地避免因為日常消費而引起的紛爭。

開立獨立帳戶的另一個好處是帳務清楚，如果夫妻有特殊的財務負擔，比如贍養費或父母生活費等，獨立帳戶也較為方便。如果夫妻雙方對於投資的偏好和風險承受能力也有較大的分歧，投資帳戶也可以按照上述的方式分開進行。不過分開理財只是婚姻生活的一個階段，它很難成為一種婚姻生活的常態。至少夫妻雙方將不得不面對生育和撫養子女等現實而急迫的問題，除非選擇做「頂客」族，徹底的分攤是很難施行的。

夫妻理財還有四個禁忌千萬要避免：批評或嘲笑對方的理財觀念；當對方買了你覺得沒有用的東西時，切勿以花錢做為報復的武器；指責對方太過小氣或出手闊綽，這樣只會增加他（她）的不滿和不配合的態度；對家庭開支管理得太過，以致對方連必要的零用錢都沒有，這樣只會引起反感，甚而使感情產生難以彌補的裂痕。

第十章・讓「公司」裡充滿快樂的泡泡

快樂是飛舞的精靈，哪裡都歡迎它光臨，婚姻有限公司也不例外。情人們常說，你快樂所以我快樂，其實快樂是很簡單的事情。想讓公司裡充滿快樂的泡泡，好辦法很多，快來試試吧！

留一張快樂便條

當今社會競爭激烈，為了前途和生活，婚姻有限公司裡的員工可能都是行色匆匆，那麼公司內的溝通該如何進行呢？不妨試試留便條的形式，讓快樂隨著便條在公司內傳遞。

鄭老伯與老伴相濡以沫半輩子，因為年輕的時候工作太忙，便條就成了他倆溝通的主要方式。很早，年輕的鄭老伯就和妻子同廠，兩人是三班制的工作，一個月裡，只有幾天能輪到在同一個時段休息。剛結婚，廠裡沒房，住的是集體宿舍裡一間極小的房子，廁所、廚房都是公用。他早上八點半下班，妻子八點已去上班，回到家，桌上有一張便條：饅頭在鍋裡，趁熱吃，把握時間休息。下面落的是妻子的大名。他看後，去外面已封了火的灶台上把鍋子端下來，揭開鍋蓋，饅頭還熱著。下午六點半，妻子下班，他已走了，桌上的老地方，又有張便條：晚餐是大餅和粥，還有一碟豆腐乳，一定要吃完，我去菜場買菜。後面是他的姓名。一個鐘頭後，他回來了，手裡拎著滿滿的蔬

菜，「很便宜。」他說完之後，急匆匆穿上那件靛藍色的工作服去上班了，這一天，見面只有兩分鐘。

添了三個孩子，終於分到一間帶廚房的一室一廳的房子，已經很滿足了。仍是三班制的工作，孩子是大的帶著小的。他怕便條被孩子們扯來折紙飛機，於是把便條留在碗櫃頂上：鍋裡有煮好的甜酒粑，吃了就休息，我已給大娃說好，讓他帶弟弟、妹妹出去玩。大娃是他們的大孩子，她早上下班回家看到便條，靜靜地吃完酒粑，很快就入睡了。下午六點半，他下班，飯桌上只有二娃、三娃在等他。他知道，她一定是趁菜市收攤去買廉價的菜，果真，一會兒大娃抱著一堆蔬菜，還有幾隻小雞回來，說媽媽上班去了，大娃拿出他媽媽用一張報紙邊匆匆寫就的便條：這是幾隻小母雞，養大後，就可以少買雞蛋了。落款仍是她的大名。很快小母雞長大後，每天輪著抱窩下蛋，雞蛋成了三個孩子最好的營養來源。

一晃，孩子們都長大成家了，他和她幾十年的三班制，也終於到了盡頭。退休後的生活，倒是天天見面，但因為添了三個孫子卻更忙了。一早，她和一堆老大媽們去鍛鍊身體，回來做早餐，把孫子送到學校去上課，接著去趕早市買最新鮮的蔬菜。他醒來，冰箱上有張便條：高壓鍋裡有雞血粥，聽說可以治肺病，你多吃點，他很聽話地喝完了雞血粥，然後留張便條，就慢慢逛到花鳥市場。她回來，習慣地看一眼冰箱上，上面有張便條：我逛花市去，中午晚點回來，妳先吃，別等我。就這樣，鄭老伯與妻子靠著便條，彼此傳遞著關心與幸福，一直到老。

向深愛的人表達心意的方式是多種多樣的。很多夫妻都想對自己的愛人表達出自己的情意，只是有時又羞於說出「我愛你」三個字，或者覺得這三個字太簡單膚淺，這時非語言的表達形式就具有更好的表達效果。只要善於細心觀察，及時捕捉愛的資訊，你就會找到恰如其分的表達時機和方法，讓情人知道你濃濃的愛。

盛怒之下別做決策

公司進行決策的時候，需要絕對的冷靜，才能對當時的形勢做出正確的判斷，採取有效的措施。同樣，夫妻吵架時，當情緒的怒火被點燃，就儘量不要發生正面衝突，及時走開，讓兩個人都好好地冷靜一下，也是一種很好的方式。

方萍萍與李浩是一對再平凡不過的夫妻了，說他們平凡，因為他們的生活既有甜蜜溫馨，也有爭吵不休。一般吵架的時候，都是李浩斷然離開，只留下萍萍一人哭泣，然後每次又是李浩主動說話，讓兩人消除誤會，重歸於好。

有一天，因為一點小事，萍萍與李浩又吵了起來，最終，李浩像往常一樣摔門而出。萍萍頹然地坐在冰涼的地板上，獨自飲泣，想到李浩的掉頭遠去，她覺得十分不甘心，她認定那是對她的漠視和羞辱。想到這裡，她忽然覺得心頭湧起一陣濁氣，既然對方已經不再尊重她，那這樣的婚姻還有存在的意義嗎？她開始放聲大哭，心裡萬分難過。

忽然，門外傳來了用鑰匙開門的聲音，李浩推門走進來了。他走到萍萍面前，將她扶了起來，一邊說：「妳今天有點反常。」萍萍低著頭，不肯看他，李浩繼續說：「其實我每次出去都沒有走遠，只是站在門外。我不想當面和妳爭吵，這樣硬碰硬只會更糟，讓我們彼此傷害得更多。」萍萍停止了啜泣，抬起頭盯著李浩。李浩繼續說：「每次我躲到門外的時候，我會很認真的聽屋內的動靜。每次聽到妳停止哭泣，細碎的腳步聲在屋子裡響起，我就知道暴風雨已經過去。我知道夫妻之間難免會有爭執，和妳爭吵我真的很無奈，當我知道每次我給妳一個人平靜思考的空間時，妳的怒氣就能很快平息，所以我才選擇離開。」

「可是今天有點不一樣，」他接著說，「妳今天不僅沒有停止哭泣，反而哭得更傷心了。我很擔心，也許今天是不一樣的？妳究竟是怎麼了？為什麼這麼傷心？」

萍萍十分訝異，她的心中湧起了更多複雜的情緒，有驚訝，有歉疚，更多的則是對丈夫的愛意。她這才知道，原來李浩一次又一次的走開，是給他們的婚姻一點喘息之機，將婚姻從破裂的邊緣挽救回來。

兩個人吵架，其實沒有贏家。所有的吵架都是一樣，只會越吵越生氣，而不會消氣。心理學家說，當人吵架的時候，心跳會加快，腎上腺素的分泌也會增加，這種狀態就叫情緒「漲潮」。所以，當「潮起」的時候，最好的選擇是走開一些，讓「潮水」慢慢地自行回落。而且，人一旦失去了吵架的對象，頭腦才能逐漸冷靜下來，開始反思自己的行為，分析對方的道理所在，最終互相諒解。

所以，在盛怒之下，請走開。

該裝傻時就裝傻

當公司的負責人需要萬事鉅細、明察秋毫，不過偶爾模糊化處理一些事情也是必要的。婚姻有限公司的負責人就要把這種模糊處理事情的能力發揚光大，因為婚姻有限公司內部的事情實在是太過瑣碎和隨意，著實不用事事都較真，如果太過精明反而適得其反。模糊化處理一些小事才是聰明的選擇。

「婚」的結構就是女字加一個昏字。如此看來，婚姻就是女人昏了頭才結婚的。仔細想一想，婚姻似乎就是這樣，為了愛情，每個女人都會變成傻子，心甘情願地付出一切。既然被愛情沖昏了頭，那就不要再清醒了，婚後也就不要太過認真。聰明的女人，即使冰雪聰明，有一雙洞明世事的眼睛，也會明白「難得糊塗」的處世哲學。任何事情都會有模糊地帶，婚姻也是如此，太過精明只會讓婚姻出現小小的裂縫，而且隨著時間的推移，這些裂縫還會越變越大。這樣說，並不是讓人去忍氣吞聲，而是換一種生活方式，換一種思維模式，把生活中的小事模糊處理。

婚姻中的原則性問題當然不能模糊處理，不過夫妻過日子，遇到的多半還是一些雞毛蒜皮的繁瑣小事。小于今天上班遲到了，她來到公司，垂著臉胡亂地整理著抽屜。同事們看得出來她心情不好，好朋友小李起身倒了杯茶遞給她，小于說了聲謝謝後，別過頭去悄悄抹了一下眼淚。小李看她有心事，便叫她一起出去透透氣。

出門後，小于眼眶又紅了，她輕聲說道：「我們過不下去了，準備離婚。」其實小李已經猜到她可能是跟老公吵架了，但沒想到有這麼嚴重，她老公是出了名的老好人，平時她也總是把老公的好掛在嘴邊，讓辦公室的一幫同事都豔羨不已。可是為什麼突然說要離婚呢？

「昨天他跟我說部門有事，可是我問過了，他同事都說不知道，結果他是去參加同學聚會了。晚上我問他為什麼要欺騙我，他反倒說我平時疑心重，不敢告訴我，怕我生氣上火。這算哪門子的理由啊？」越說越委屈，小于低聲啜泣起來，「我哪點對不起他了？家裡的一日三餐都是我親手做的，他的衣服、襪子都是我親手買的，家裡大大小小的事從來就沒讓他操過心，對於這個家我付出了多少心血你們都看見的，他卻跟我撒謊，還要跟我離婚，他怎麼就這麼沒良心啊！」

小李遞給她紙巾，待她平靜一下，勸她說：「妳為什麼要去打聽他的行蹤呢？即便是知道他在撒謊，妳又幹嘛非得要點破，為什麼就不能糊塗一點呢？」

「糊塗？」小于愣住了。

小李解釋說：「一個男人究竟會喜歡一個怨婦，還是會喜歡一個懂得在適當的時候『糊塗』的睿智女人？女人的寬容會令男人有安全感，有時候退讓是為了更好的防守。如果小到有沒有刷牙、下班和誰在一起，大到他們公司的營運計畫，妳都要樣樣過問，日子久了，誰還能耐煩？其實這些都不是原則性的問題，他偶爾撒了謊，妳何必去揭穿他呢？還不如聰明點，閉口不提，也許他還會以為妳什麼都知道了，見妳不和他計較，他只會感激妳的寬宏大量，還會加倍地對妳好。這麼划算的事，何樂而不為？」

小于點點頭，覺得小李說的對極了！她決定也要做個「糊塗」女人，給丈夫一個自由的空間。

「糊塗」的女人，其實是一種境界，是聰明人所為。這世上哪裡會有完美的人！就算是有，你先問問自己是否完美。不完美的人到處都是，但是在情人的眼裡，他（她）就是完美的。這在於你用什麼眼光和態度去看。他（她）的一些小習慣，有一些小事情，可能會讓你不舒服，總想把另一半改造成另一個自己。但是婚姻是兩個人的事情，如果婚姻只為了遷就一個人的話，是不會有幸福可言的。男人和女人最初都是攜帶著對對方的愛走進婚姻的，所以千萬不要讓這份愛成為對方的負擔，如果因為愛而讓他（她）無法呼吸，最終受傷的是你，也是他（她）。不妨試著給他（她）一些自由的空間，這樣的話大家都能夠更好的呼吸，都活得更輕鬆。

此外，身為男人都想擁有雄鷹一樣的翅膀，天有多高就飛翔多高，這是他們追求理想實現人生價值的本能。對方是妳手裡的風箏，如果妳手中的線收得太緊，線會漸漸失去張力，最終斷線。如果妳手裡的線收放自如，風箏會始終在妳的控制下自由自在地飛翔。所以不要怕對方飛遠，是妳的永遠在妳的手裡。

想保持婚姻，絕不能太「清醒」，得繼續一如婚前，小事、瑣事都採取模糊化處理，只看到他那些優點，忽略缺點，才能快快樂樂地把日子一如既往地過下去。

讓快樂常駐「公司」

每個人可能都有這樣的切身體驗：有時下班高高興興地回到家裡，可是一見情人正悶悶不樂地坐在沙發上，心情頓時冷了下來。相反，有時你因工作中的不快，帶著煩惱回到家裡，看到情人與小女兒玩得正高興，小女兒又步態蹣跚地跑到你身邊來，親熱地呼喊著你，這時，你心中的煩惱立刻被趕走，也隨著家人快樂起來！心理學上有個常用名詞：互動。說得通俗一點就是互相感染、影響、交流。這種現象十分廣泛地存在於人與人之間，經常發生在人際關係密切的集體和家庭之中。瞭解、認識「互動」效應對改善家庭關係、增進身心健康，都具有相當重要的意義。

人們都曉得保持良好而穩定的情緒對增進身心健康十分重要，但是，僅僅關注自己的情緒是很不夠的。每個人每天約有一半以上的時間是在家中度過的。有人說得好：在快樂的家庭中生活的每一個人，幾乎都是快樂的；在爭吵不休或消沉、煩悶的家庭中生活的成員，則很難擺脫不快的陰影。每當回家時，如果能帶著歡樂打開自己的家門，則會為這一天的家庭生活掃除煩惱，進而使夫妻雙方在和睦的氣氛之中度過美好的家庭時光。夫妻雙方在外工作，難免會給心情帶來一些不快。假如你在工作上遇到了煩惱，首先應該學會忘卻，把不順心的事情關在家門之外，並要在極短的時間內迅速調整好自己的心情，帶著一身輕鬆、一張笑臉去推開家門。最好不要輕易提起不愉快的事情，當然，更不能把你在外面所受的委屈發洩在情人身上。

現在夫妻各自都有自己的事業要做，尤其是上班族的雙薪家庭，都有個處於同一時段的「八小時」。因此，誰先下班誰就不得不做飯、洗衣、接孩子。如果情人先於你回家裡並早已為家務工作忙得不可開交，你這時就應該儘量克制你的疲倦和煩惱，以對家的極大熱情和飽滿的精神面對正在忙著家事的情人，使情人有一個輕鬆愉快的好心情。主動配合情人做好家務雜活，並談論一些能消除疲勞的風趣事情，進而緩解勞累中的緊張氣氛，忘掉家務雜活的枯燥和煩惱。

還有一種營造幸福的方法，就是妻子居家過日子的能力和本領。曾經以前的婦女們所有的生活都是圍繞著家庭進行，她們不但把家裡打理得乾淨整齊，裁縫、烹飪，家中種種雜事幾乎無所不包，還要把公婆侍奉得很好。現代的妻子呢，不用說裁縫、烹飪，有的連個釦子都不會縫，連自己的生活都不能打理。有人說經濟發達了，家裡用到的一切幾乎都可以買到，或者花錢可以做到，可是，妳不知道妳親手織的毛衣比商店買來的讓丈夫穿著更溫暖嗎？丈夫的釦子掉了，褲角開了，妳還得拿到外面去請人弄，白白丟掉了那麼多增進夫妻感情的事情，只要很短的時間，妻子把這些事情做了，哪個丈夫會不感動？還能提高家庭幸福指數的機會。何樂而不為呢？

許多人回憶起自己的成長經歷時，最美好的時間往往是家人團聚的時間。比如用餐的時間、例假日的活動等，這些都有可能成為人一生中最珍貴的回憶。你在用餐時是如何與情愛人、孩子相處的？有一句古老的格言也許值得我們深思：「一家人吃飯時是爭論還是談話，是稱讚還是訓斥，是一個很好的測量計，它可以看出這個家庭是在疏遠分離，還是越來越親近。」家裡親人團聚時，是家庭活躍氣氛的重要時刻，因此家人間應相互愛護與體諒，盡力創造出一種和諧、輕鬆和歡愉的氣氛，使家庭中充滿溫馨。

在一個家庭中，如果女主人不快樂，那麼整個家庭的溫馨感都會被破壞。有一位女友談起她其貌不揚的老公時是這麼說的：「你不要看他胖，胖的人冬天抱起來很溫暖呢；雖然他頭是禿的，可是這樣老婆放心啊！他人不高，不過比拿破崙可高多了。」這樣的女性一定是快樂的，也一定能給她的家庭帶來快樂。只要我們也擁有這位女性正面詮釋人生的能力，樂觀積極地看待生命中所發生的一切，那也就會擁有了獲得幸福的能力。

給「嘮叨」一個出口

婚姻有限公司裡時常會出現這樣一個場面：太太嘮嘮叨叨地不停地講話，兩隻手一會兒指向這，一會兒指向那，丈夫則在一邊一臉的不耐煩或無奈地嘆氣，往日的溫馨甜蜜全部消失，只剩下兩人生氣鬥嘴。講到這裡，你是不是已經想到了你公司裡的嘮叨聲音？先別煩惱，看看下面這位先生是如何應對妻子的嘮叨吧！

王林和妻子算是青梅竹馬的戀人了，兩人一起度過三年的高中時光和四年的大學時光，然後順利步入了人生殿堂。結婚前，他們像所有的戀人一樣濃情蜜意，可是隨著結婚、生子，日子流逝，妻子的嘮叨漸漸多了起來。

起初妻子開始嘮叨，王林並不以為意，他覺得只要自己不和妻子頂嘴，她說累了自然就會停下來了。沒有想到，妻子的嘮叨卻一日多過一日，以前她不過是閒聊一下周圍人的閒事，現在她把所有的重點都放到了王林的身上，對他諸多挑剔。髒衣服、臭襪子、和朋友喝酒喝太多，這些都是她指責的內容。漸漸的，王林也有點受不了了。

於是這一天，當妻子照常坐在王林身邊打算嘮叨他時，王林卻先開口了：「等等啊，我先做點事。」他溫柔地把妻子帶到沙發上坐下，

然後為她倒了一大杯茶水，又將毛巾拿了過來，做完這些事，他才正襟危坐，把手一揮說：「親愛的，妳現在可以開始嘮叨了。妳看我對妳多好，妳說渴了有水喝，唾液太多了還可以用毛巾擦擦，洗把臉精神精神再繼續也可以。」妻子這才恍然大悟，接著開心地笑了，也不再說什麼，轉身就去做家事了。

就這樣，王林過了好長一段時間的安寧日子。可是沒多久，這招失靈了，於是他又想出了第二個辦法。這次他開始講話了，只要妻子對著他嘮叨，他就會「以毒攻毒」的對著妻子說話。可想而知，這種方法也靈驗了，但也不過靈驗了三兩個月。

不肯死心的王林決定繼續與妻子鬥智鬥勇，這次他決定治本。仔細想想，妻子的嘮叨無非都是對他一些生活習慣的不滿和抱怨，於是他開始積極行動起來，什麼家務工作都搶著做。不光是這樣，他還主動為妻子收集她愛看的雜誌和電視劇，誘使妻子將更多的時間放到這些東西上，再也沒有時間嘮叨他了。

就這樣很長的一段時間裡，王林都沒有再聽見妻子的嘮叨。起初他覺得這樣的生活舒服極了，可是漸漸的他發現，他和妻子就彷彿是兩條平行線，各自過著自己的日子，再也沒有了交集。而且他還發現，妻子也變了，她的眼睛裡失去了往日的神采，變得憔悴。

王林果斷的去諮詢了心理醫生，醫生告訴他：女人的「說」並不僅僅只是「說」，而是一種「傾訴」。傾訴最大的快樂在於表達出來，就像有人勸告一個悲傷的人「你說出來會好些」，而並非是要在別人的「說」裡得到什麼。女人的嘮叨其實是她們放下思想包袱的一種方式，這種傾訴會讓她們從沉悶和壓抑的心情中走出來，調節好心理。

王林這才恍然大悟，他開始重新引導妻子的嘮叨，並學著去正視這嘮叨背後的潛台詞。他發現，原來妻子的嘮叨並不是那麼煩人，其中還包含著對他的愛和憐惜。而妻子呢，她重新回復了往日的神采，並且更加關心王林。

夫妻之間，愛的表達方式是多種多樣的，身為男人能善於聆聽女人的嘮叨也是一種愛。說實話，在這個世界上讓女人不嘮叨，就像讓天空不下雨一樣不合理。跟一個女人生活在一起，就得接受她的嘮叨。既然嘮叨有助於女人的健康，為了你心愛的女人的健康著想，男人請在漫長的歲月裡耐心地聽下去吧！只要多想想，既然女人能把她一切的一切都交付給你，而且已經默默地承受過許許多多的「心煩」，與這些含辛茹苦的「心煩」相比，你們聽嘮叨所感到的「心煩」又算得了什麼呢？像王林那樣正確地對待妻子嘮叨的問題，實在值得其他丈夫們借鏡。

說到這裡，也希望天下的老婆們明白，女人的嘮叨對男人來說，的確是一種煎熬。有心理學家指出：嘮叨是女性普遍存在著的不遵從理性個性特質的一種表現，但是男人們不是瞭解人性的心理學家，所以，男人們很難承受女人的嘮叨，嘮叨很可能成為他們在情感上離開的重要因素。男人和女人都應該明白，過分嘮叨實質上是在干涉和剝奪對方思想和行為的自主權。無休止的嘮叨會使對方喪失自信，因為不用思考就會有人提醒；無休止的嘮叨會使對方無論什麼事，都不會主動插手，因為無論對方做得多出色，你都免不了嘮叨。很多喜歡嘮叨的女人並沒有真正意識到嘮叨對其身邊人的傷害：妻子的嘮叨不僅會引起丈夫極大的反感，而且，生長在一個愛嘮叨的母親家裡的男孩子，很容易成為軟弱無能、缺乏個性的人。所以女人們，如果妳知道自己嘮叨時，要儘量讓自己脫離這種症狀。

那麼，愛嘮叨的女性怎麼樣改善自己這種狀態呢？有意識地控制自己說話的總量，儘量不要重複說一件事，堅持一件事最多只說一次的原則。要是實在控制不住自己嘮叨，可以把要嘮叨的內容寫出來而不要說出來。另外，女人們應該擴大自己的生活空間，多培養一些興趣與愛好，多交一些好朋友，避免將注意力過度集中在丈夫身上。

堅持一段時間，女性們就一定會有所改變，也許妳會驚喜地發現自己溫柔安靜了許多。孩子和丈夫也會越來越愛自己。

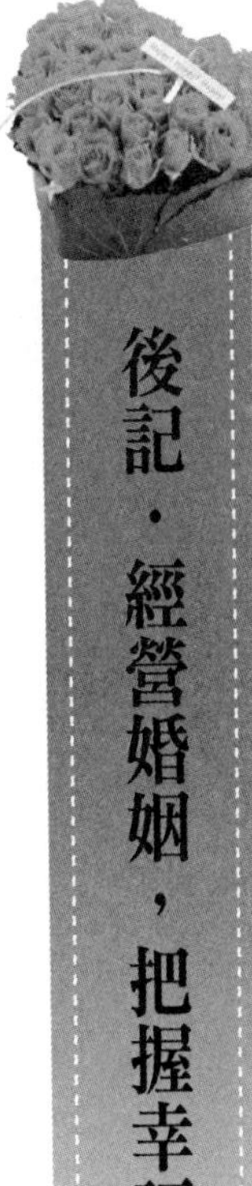

後記．經營婚姻，把握幸福

昨天接到朋友的電話，說他離婚了。儘管以前曾聽到他們不太和睦的傳聞，但這個消息還是有些意外和突然。都說婚姻有「七年之癢」的說法，很多人都表示認同，但為什麼時間會讓兩個原本相愛的人選擇分開呢？我們是不是要認真思考一下，到底什麼是婚姻，什麼是幸福？我們應該以什麼樣的態度對待它們呢？

婚姻就是戀愛的延續，是心靈的交換，婚姻基本上會伴隨我們一生一世。青春年少時追尋愛情，卻畏懼於婚姻，因為有太多的人說婚姻是愛情的墳墓，踏進去的人都想逃出來。其實婚姻有時候就好像登山，很多人在面對婚姻的平淡和最初艱辛時選擇離開，但有更多的人堅持了下來，於是他們擁有了最美麗、最浪漫的時刻，這便是愛情的尖峰的風景。

幸福沒有標準，也沒有測量多少的儀器。幸福一定要用財產多少才能衡量嗎？不是的，幸福是人的一種感覺，它不會因財富而改變，也不會因別人的評價而變遷。幸福沒有固定的模式，它可以是飯後的一杯熱茶，可以是黃昏的牽手，可以是一件溫暖的毛衣……總之心情快樂時感覺幸福把自己包圍，沮喪時感覺幸福離自己很遠，其實一切都在於自身的感受。處在婚姻裡的人應該很清楚地知道，幸福不可能無時無刻都在的，幸福也有開小差的時候，所以我們應該懷著一顆平常的心去解讀婚姻的幸福。

愛是幸福婚姻的基石，這是一個不變的定律。好多人為了戀愛而戀愛，為了婚姻而婚姻，到最後，只能是同床異夢，或者是勞燕紛飛。愛維繫著夫妻的關係，兩人彼此向對方坦誠自己的內心，接納對方的缺點。愛就是這麼奇妙的，讓兩個陌生的人走在一起，成為牽手走過今生今世的夫妻。那什麼是愛？今天許多人都把愛誤解了，以為愛就是默默的關心，相濡以沫，但這是不夠的，你還要給予他（她）幸福、快樂、自由。愛要大聲說出來，否則把愛深藏在心，對方何以得知？有一個刻板的英國人到瑞士出差，因為有些事耽誤了，不能按時回家了，便到郵局向妻子發電報。營業員小姐按他的電文數字報出價格，他掏出錢來付款時，才發現身上帶的錢不夠了，於是他說：「請把我愛妳三個字減掉，這樣錢就夠了。」不料小姐卻溫和的笑起來：「不，先生，這三個字無論如何不能去掉，你妻子最盼望的就是這三個字。請不必為難，這錢我代你出。」等英國人回到家之後，發現妻子滿臉笑容地等他回來，一點都沒有責怪他晚回來好幾天。原來，都是「我愛妳」這三個字溫暖了妻子的心。

家庭的溫馨和和諧，永遠都是人類內心深處最本能的渴望。千萬別被外面的花花世界看花了自己的眼，不管何時何地，家才是你最需要的歸宿。只有在這裡，快樂才有人與你分享，痛苦有人與你分擔，鬱悶有人聽你抒發，身心有人給你溫暖。

結婚不是聽從命運的安排，而是主動伸出雙臂擁抱一件禮物、一項挑戰、一種命運。婚姻是需要經營的，但如何去經營好它，讓它茁壯成長，需要的是耐心和智慧。婚姻中的我們，要用心去經營自己的婚姻，分擔風雨，分享陽光，才能一起慢慢變老。

相信許多有著幸福家庭的人，都有一些如何經營好婚姻的經驗，本書所講的也許只是其中的一部分，但我們相信，只要肯付出行動，就可以慢慢改善夫妻關係，享受到幸福的生活，只要你肯邁出第一步。相敬如賓的幸福生活是許多人夢寐以求的，那麼何不從現在開始實現它呢？

國家圖書館出版品預行編目資料

婚姻有限公司／李意昕編著
－－第一版－－ 台北市：知青頻道出版；
紅螞蟻圖書發行，2010.04
面　　公分
ISBN 978-986-6276-09-5(平裝)

1.婚姻 2.兩性關係 3.家庭

544.3　　99005324

婚姻有限公司

編　　著／李意昕
校　　對／周英嬌、楊安妮、朱慧蒨
發 行 人／賴秀珍
榮譽總監／張錦基
總 編 輯／何南輝
出　　版／知青頻道出版有限公司
發　　行／紅螞蟻圖書有限公司
地　　址／台北市內湖區舊宗路二段121巷28號4F
網　　站／www.e-redant.com
郵撥帳號／1604621-1 紅螞蟻圖書有限公司
電　　話／(02)2795-3656（代表號）
傳　　眞／(02)2795-4100
登 記 證／局版北市業字第796號
港澳總經銷／和平圖書有限公司
地　　址／香港柴灣嘉業街12號百樂門大廈17F
電　　話／(852)2804-6687
法律顧問／許晏賓律師
印 刷 廠／鴻運彩色印刷有限公司
出版日期／2010年 4 月　第一版第一刷

定價 240 元　港幣 80 元

ISBN 978-986-6276-09-5　　Printed in Taiwan